MARGEM ESQUERDA

REVISTA DA BOITEMPO

41 2º SEMESTRE, 2023

BOITEMPO

Margem Esquerda – revista da Boitempo n. 41

Direção-geral
Ivana Jinkings

Editor
Artur Renzo

Assistência editorial
Marcela Sayuri e Isabella Teixeira

Editor de imagens
Francisco Klinger Carvalho

Editor de poesia
Flávio Wolf de Aguiar

Preparação
Carolina Hidalgo Castelani

Revisão
Daniel Aurélio

Capa
Artur Renzo e Natasha Weissenborn

Imagens da capa e miolo
Gabriela Fero
Palestina, *2022, óleo e acrílica sobre tela, 200 x 160 cm (capa);* Valsa da sedição, *2023, óleo e acrílica sobre tela, 200 x 310 cm (quarta capa);* Sem título, *2022, óleo e acrílica sobre madeira, 210 x 310 cm (capas internas);* Sem título, *2023, óleo e acrílica sobre lona, 210 x 170 cm (p. 6);* Sem título, *2021, acrílica, óleo e massa corrida sobre lona, 200 x 150 cm (p. 36);* Sem título, *2023, óleo e acrílica sobre lona, 210 x 170 cm (p. 37);* Sertão, *2021, óleo e acrílica sobre algodão cru, 210 x 310 cm (p. 38* e *44);* Piazzale Loreto à brasileira, *2022, óleo e acrílica sobre lona 210 x 310 cm (p. 50);* Sem título, *2020, acrílica e óleo sobre algodão cru, 160 x 400 cm (p. 54);* Sujeição e revolta nº 1, *2023, óleo sobre tela 200 x 310 cm (p. 55);* Sem título, *2022, óleo e acrílica sobre lona, 210 x 310 cm (p. 62);* Entregador, *2021, óleo sobre tela 200 x 160 cm (p. 68);* Sem título, *2021, acrílica, óleo e massa corrida sobre lona 200 x 150 cm (p. 122);* Sem título, *2023, óleo e acrílica sobre lona, 210 x 210 cm (p. 160).*
Fotos de Marina Ribas e Nanda Godoy.

Projeto gráfico e diagramação
Antonio Kehl

Coordenação de produção
Livia Campos

Impressão e acabamento
Rettec

ISSN 1678-7684
número 41: setembro de 2023

BOITEMPO
Jinkings Editores Associados Ltda.
Rua Pereira Leite, 373 – Sumarezinho
CEP 05442-000 São Paulo – SP
Tel.: (11) 3875-7250 / 3872-7285
editor@boitempoeditorial.com.br
boitempoeditorial.com.br | blogdaboitempo.com.br
facebook.com/boitempo | twitter.com/editoraboitempo
youtube.com/tvboitempo | instagram.com/boitempo

Sumário

MARGEM ESQUERDA

REVISTA DA BOITEMPO
41 2º SEMESTRE, 2023

contato: *margemesquerda@boitempoeditorial.com.br*

Colaboradores desta edição

BELUCE BELLUCCI é doutor em história econômica pela USP. Professor de história da África, foi pró-reitor da Universidade Candido Mendes e diretor do Centro de Estudos Afro--Asiáticos.

BRUNA DELLA TORRE é pós-doutoranda no Instituto de Pesquisa Social em Frankfurt (bolsista Max Horkheimer) e no Departamento de Sociologia na Unicamp (bolsista Fapesp), editora executiva da revista *Crítica Marxista* e membra da coletiva "Marxismo Feminista". É autora do livro *Vanguarda do atraso ou atraso da vanguarda?* (Alameda, 2019).

CARLOS VAINER é doutor em desenvolvimento econômico e social pela Universidade de Paris I/Panthéon-Sorbonne, professor emérito e professor titular de planejamento urbano e regional da UFRJ.

CASSIO ARRUDA BOECHAT é professor de geografia da UFES. Mestre e doutor em geografia humana pela USP, é pós-doutor pelo CPDA/UFRRJ e pelo IGCE/Unesp. Pós-doutorando no LISST/Dynamiques Rurales, da Université de Toulouse II Jean Jaurès, é membro integrante do Laboratório de Estudos Territoriais (Laterra), do CCHN/UFES.

FABIANO ESCHER é doutor em desenvolvimento rural pela UFRGS e professor do curso de relações internacionais e da Pós-Graduação de Ciências Sociais em Desenvolvimento, Agricultura e Sociedade (CPDA) da UFRRJ.

FERNANDO GARCIA é mestre em história econômica pela FFLCH-USP, coordenador do Centro de Documentação e Memória (CDM) da Fundação Maurício Grabois e integrante do Conselho Consultivo da revista *Princípios*.

FLÁVIA BRAGA VIEIRA é doutora em planejamento urbano e regional, professora da UFRRJ e coordenadora do Programa de Extensão Universitária da Assessoria Técnica e Educacional Meio Ambiente e Barragens (ATEMAB).

FLÁVIO WOLF DE AGUIAR é poeta, escritor e correspondente em Berlim de várias mídias brasileiras, inclusive do *Blog da Boitempo*. É autor, dentre outros livros, do romance *Anita*, ganhador do Prêmio Jabuti de melhor romance em 2000.

FRANCISCO KLINGER CARVALHO é artista plástico e escultor multimídia. Formado em educação artística pela UFPA, com pós-graduação na Kunstakademie Düsseldorf, é atualmente professor de escultura na Kunstakademie de Mannheim, Alemanha.

GABRIEL S. FIGUEIREDO é mestrando em sociologia na Unicamp, com pesquisa sobre Walter Benjamin e a sociologia da literatura.

GABRIELA FERO é artista plástica formada pela Escola de Artes Visuais do Parque Lage e militante comunista pelo PCB (Reconstrução Revolucionária).

IGOR PALMA BARBOSA é doutorando em relações internacionais pela Universidade Federal da Bahia (UFBA). Membro do grupo de pesquisa sobre Fome e Relações Internacionais (FomeRI) e da Rede de Estudos Agroalimentares Internacionais (REDAGRI).

Jean Tible é professor de ciência política na USP, e autor de *Marx selvagem* (Annablume, 2013) e *Política selvagem* (Glac, 2022), entre outros. Coorganizou *Junho: potência das ruas e das redes* (Friedrich Ebert, 2014).

João Felipe de Almeida Ferraz é doutorando em ciências sociais em desenvolvimento, sociedade e agricultura pela UFRRJ, mestre em ciências sociais pela UNESP/Marília e bacharel em defesa e gestão estratégica internacional pela UFRJ.

João Pedro Inácio Peleja é doutorando pelo Programa de Pós-Graduação em Sociologia da Universidade de Brasília (UnB). É pesquisador do projeto "Para onde vai o trabalho humano na era digital?", coordenado pelo professor Ricardo Festi.

João Quartim de Moraes é professor colaborador na Unicamp, onde se aposentou como professor titular, e pesquisador do CNPq. É organizador de *História do marxismo no Brasil* (Editora da Unicamp, 2007), entre outros.

Jorge O. Romano é doutor em ciências sociais pela UFRRJ, professor da Pós-Graduação em Desenvolvimento Agricultura e Sociedade da UFRRJ e coordenador do Grupo de Pesquisa Discurso, Redes Sociais e Identidades Políticas (Discurso).

José Paulo Netto é professor titular da Escola de Serviço Social da UFRJ e membro do Conselho Editorial da revista *Margem Esquerda*. Autor, entre outros, de *Karl Marx: uma biografia* (Boitempo, 2020) e *Lukács: uma introdução* (Boitempo, 2023).

Leonilde Servolo de Medeiros é professora titular da pós-graduação de ciências sociais em Desenvolvimento, Agricultura e Sociedade da UFRRJ. Doutora em ciências sociais pela Unicamp (1995), é autora, entre outros, de *Reforma agrária no Brasil: história e atualidade da luta pela terra* (Perseu Abramo, 2003).

Luiz Felipe Osório é doutor em economia política internacional pela UFRJ, com pós-doutorado em direito político e econômico. Professor adjunto de direito e relações internacionais na UFRRJ, é autor de *Imperialismo, Estado e relações internacionais* (Ideias e Letras, 2018).

Marco Gonsales é pós-doutorando em sociologia pelo IFCH-Unicamp. Coautor, entre outros, de Uberização, trabalho digital e Indústria 4.0 (2020) e Icebergs à deriva (2023), ambos pela Boitempo.

María Julia Giménez é doutora em ciência política pela Unicamp e pesquisadora do Programa de Extensão Universitária (ATEMAB).

Maria Lygia Quartim de Moraes é professora de Pós-Graduação em Sociologia da Unicamp e pesquisadora (CNPq) no Núcleo de Estudos de Gênero – Pagu. Autora, entre outros, de *Marxismo, psicanálise e o feminismo brasileiro* (Editora da Unicamp, 2017).

Marta Nehring é mestre em teoria literária e doutora em cinema pela USP. Autora, entre outros, de *Murilo Mendes, crítico de arte* (Nankin, 2002). No campo do audiovisual, atua como roteirista, diretora e pesquisadora em documentário e ficção.

Murillo van der Laan é pós-doutorando pelo programa de sociologia da Unicamp. Integra o conselho editorial da coleção Mundo do Trabalho, coordenada por Ricardo Antunes, na Boitempo.

Nathalie Bressiani é professora de filosofia na UFABC e pesquisadora do Núcleo de Direito e Democracia do Cebrap. Desenvolve pesquisa sobre teoria crítica e teoria feminista, temas sobre os quais publicou artigos, capítulos e resenhas. É uma das tradutoras da obra de Nancy Fraser para o português.

Paulo Petersen é doutor em estudios medioambientales pela Universidad Pablo de Olavide, na Espanha, coordenador executivo da AS-PTA (Agricultura Familiar e Agroecologia) e membro do Núcleo Executivo da Articulação Nacional de Agroecologia.

Thiago Lima é Professor Associado do Departamento de Relações Internacionais da UFPB. Docente permanente das pós-graduações em Gestão Pública e Cooperação Internacional e Ciência Política e Relações Internacionais da UFPB.

Renan Somogyi Rodrigues da Silva é mestrando em história social pela Universidade de São Paulo, com foco na história do marxismo no Brasil.

Apresentação

Este número da *Margem Esquerda* vai à gráfica meio século depois do golpe de 11 de setembro de 1973, que custou a vida do presidente eleito Salvador Allende e fez terra arrasada de uma experiência socialista singular em nosso continente. O choque chileno, como se sabe, tem relevância não apenas na América Latina, mas no mundo todo. Coincidindo com a crise do Petróleo e o abandono do sistema Bretton Woods, a ditadura encabeçada pelo general Augusto Pinochet, com apoio dos Estados Unidos, marcou o fim definitivo das ondas insurrecionais dos anos 1960 e representou a primeira tentativa mundial de implementação do neoliberalismo como política social – não à toa em um contexto da mais brutal violência.

Para tensionar essas reverberações no presente político, trazemos um par de depoimentos de brasileiros que participaram ativamente do processo chileno. Bellucci Beluce e Carlos Vainer trazem um relato de quem viveu na pele a experiência repressiva em Valdivia; e João Quartim de Moraes recupera a história dos dois tribunais Bertrand Russell que buscaram colocar o imperialismo e o fascismo no banco dos réus.

O tema da terra arrasada, no entanto, tem ainda outras ressonâncias nesta edição. Afinal, na contramão da euforia pós-política do discurso da globalização, as análises mais atentas do processo de ascensão do neoliberalismo sempre assinalaram que a desterritorialização radical própria da financeirização estava produzindo uma nova centralidade da questão da terra – fenômeno que se expressava, por exemplo, em uma intensificação da especulação imobiliária e fundiária, e no acirramento dos conflitos no campo. No dossiê "Política, pão e terra", os organizadores Fabiano Escher e Luiz Felipe Osório aludem à bandeira histórica de 1917 para reiterar a atualidade da questão agrária no século XXI. Discutindo um amplo leque de problemas – economia política do agronegócio, ecologia política marxista, lutas sociais, agroecologia, soberania e insegurança alimentar –, os cinco textos reunidos demonstram a relevância e o caráter multifacetado da questão agrária não só como uma arena de resistência, mas como um campo de construção utópica.

A entrevista desta edição apresenta um olhar estadunidense mas também global sobre a história, o presente e o futuro da predação capitalista. Em conversa com Bruna Della Torre e Nathalie Bressiani, pesquisadoras e interlocutoras de sua obra no Brasil, a filósofa Nancy Fraser repassa sua trajetória política e intelectual, discutindo as tensões entre academia e militância. Um dos principais nomes da teoria crítica hoje, Fraser reflete também sobre fenômenos contemporâneos como a feminização da extrema-direita e os desafios de articular marxismo, feminismo, anti-racismo, anti-imperialismo e ecologia para fazer frente a um "capitalismo canibal" cada vez mais suicidário.

Abrindo a seção de artigos, Maria Lygia Quartim de Moraes e Marta Nehring reiteram a combatividade e o compromisso político comunistas de Pagu, autora que será homenageada na Flip deste ano. Para marcar o centenário de *História e consciência de classe*, José Paulo Netto oferece um substancioso ensaio, escrito do ponto de vista da ontologia do ser social, sobre a grandeza e os limites dessa obra incontornável do filósofo húngaro György Lukács. Por fim, os sociólogos Marco Gonsales e Murillo van der Laan fazem um balanço alarmante mas necessário da situação e dos rumos da uberização do trabalho no Brasil.

As imagens da revista são da artista plástica e militante comunista Gabriela Fero. Sua pintura expressiva retrata os sujeitos no capitalismo contemporâneo, despedaçados e ao mesmo tempo se relacionando, trabalhando e fazendo operar o sistema das explorações e das infinitas trocas mercantis. "Numa conjunção rara entre alta qualidade de fatura técnica e sofisticada leitura filosófica da política", comenta Alysson Mascaro, "Fero se libertou das fraquezas e das armadilhas da arte contemporânea e, ao mesmo tempo, superou os tradicionais impasses históricos da arte de esquerda: é a artista mais expressiva do novo marxismo". Para este número, nosso editor de poesia Flávio Aguiar garimpou versos a um só tempo pungentes e singelos de Norman Bethune, médico cirurgião e militante comunista canadense. A edição traz ainda resenhas de Gabriel S. Figueredo, João Pedro Peleja, João Felipe Ferraz e Fernando Garcia.

Com as palavras poéticas de Jean Tible, nos despedimos do dramaturgo José Celso Martinez Corrêa, criador do Teatro Oficina. Por uma questão de tempo e espaço, não conseguimos contemplar na nossa seção homenagem outras personagens importantes da esquerda mundial que nos deixaram neste semestre. Destacamos, em especial, o historiador marxista Adolfo Gilly, cronista e testemunha viva de diversos movimentos revolucionários latino-americanos do século XX; o inquieto e heterodoxo cientista político italiano Mario Tronti, um dos nomes centrais do *operaismo*; e o ator e diretor teatral brasileiro Aderbal Freire Filho. A eles dedicamos esta edição.

Artur Renzo

ENTREVISTA

Nancy Fraser

O que há de crítico na teoria crítica? A ousadia dessa pergunta, que atravessou os Estados Unidos até a pequena cidade de Frankfurt e posteriormente ganhou o mundo, marca a obra da marxista feminista, filósofa e militante Nancy Fraser. Nascida e criada na cidade de Baltimore, em Maryland, Fraser viveu ativamente os momentos políticos mais importantes da história estadunidense recente: militou no movimento pelos direitos civis, participou de ocupações universitárias e protestos contra a guerra do Vietnã nos 1960 e há décadas é uma defensora intransigente do socialismo no berço do imperialismo contemporâneo. Atualmente é professora na New School for Social Research, em Nova York, mas ao longo de sua vida acadêmica atuou como docente na Universidade Northwestern, em Illinois, e como palestrante e professora visitante em diversos países da Europa, como Alemanha, Holanda, França e Espanha. Em 2022, foi homenageada pelo Instituto de Teoria Crítica, em Berlim, e convidada para ministrar as "Benjamin Lectures", palestras nas quais explorou as relações entre raça, gênero e classe a partir da obra *Black Reconstruction in America* [Reconstrução negra na América][1], de W. E. B. Du Bois.

Autora de livros fundamentais no campo do marxismo, tais como *Feminismo para os 99%: um manifesto*[2] (em coautoria com Cinzia Arruzza e Tithi Bhattacharya) e *Capitalismo em debate: uma conversa*

[1] São Paulo, Boitempo, no prelo. (N. E.)

[2] Trad. Heci Regina Candiani, São Paulo, Boitempo, 2019. (N. E.)

na teoria crítica[3], bem como *Unruly Practices: Power, Discourse, and Gender in Contemporary Social Theory* [Práticas indisciplinadas: poder, discurso e gênero na teoria social contemporânea], *Justiça interrompida: reflexões críticas sobre a condição "pós-socialista"*[4], *Redistribution or recognition?: A political-philosophical Exchange* [Redistribuição ou reconhecimento: uma troca político-filosófica], escrito com Axel Honneth, e *Capitalismo canibal: como nosso sistema está devorando a democracia, o cuidado e o planeta*[5], entre outros, Fraser é hoje um dos nomes mais importantes também no âmbito da teoria crítica, da teoria da justiça e da teoria feminista. Seu trabalho e sua atuação política desafiam as fronteiras entre os saberes especializados e a separação entre teoria e práxis.

No final de julho, Fraser concedeu esta entrevista à *Margem Esquerda*, via videoconferência, de sua casa em Vermont*. Conduzida pelas pesquisadoras Bruna Della Torre e Nathalie Bressiani, uma das tradutoras da obra da autora no Brasil, a conversa trata de sua trajetória pessoal, familiar, política e intelectual. A filósofa revisita seus trabalhos das décadas de 1980 e 1990, nos quais discute o cenário político durante o período do capitalismo organizado pelo Estado e sua transformação, com o declínio do Estado de Bem-estar social, a implementação de políticas de austeridade no Norte e no Sul globais e a ascensão do neoliberalismo. Fraser comenta também suas intervenções à luz da crise de 2008 e seus desdobramentos políticos, marcados pelo o retorno da crítica do capitalismo e pela ascensão da extrema direita na última década.

Reformulando o debate sobre "reconhecimento e redistribuição", que a tornou conhecida na década de 1990, Fraser oferece na entrevista uma nova compreensão de gênero, raça e classe e as coloca no centro de uma teoria crítica do capitalismo, na qual as noções de crise e contradição vêm para o primeiro plano. Em um quadro teórico fortemente influenciado por Marx e Polanyi, Fraser aponta para a existência de um vínculo entre capitalismo e opressão racial, opressão de gênero, crise ecológica e crise da democracia, para além da relação entre capitalismo e crise econômica. Ao fazer isso, mais do que um diagnóstico do capitalismo enquanto ordem social institucionalizada,

[3] Trad. Nathalie Bressiani, São Paulo, Boitempo, 2020. (N. E.)

[4] Trad. Ana Cládia Lopes e Nathalie Bressiani, São Paulo, Boitempo, 2022. (N. E.)

[5] Trad. Aline Scátola, São Paulo, Autonomia Literária, no prelo. (N. E.)

* Transcrita por Renan Somogyi Rodrigues da Silva, a entrevista foi traduzida por Isabella Meucci e Allanis Ferreira, com revisão de Artur Renzo, Bruna Della Torre e Nathalie Bressiani.

a autora procura articular as diferentes lutas sociais. A entrevista a seguir demonstra com eloquência como Fraser é uma intelectual sempre disposta a confrontar suas teorias com os desafios do presente e, por isso, uma profunda inspiração para o marxismo e a teoria crítica que buscam se renovar diante da complexidade do cenário contemporâneo.

Margem Esquerda – Você nasceu e cresceu em Baltimore, Maryland – uma cidade marcada pela segregação racial e pela luta que ajudou a dar início ao movimento pelos direitos civis nos Estados Unidos –, em uma família judia secular com alguma simpatia sindical e em uma época em que o macarthismo estava promovendo o apagamento do comunismo e da política radical do imaginário político estadunidense. Você poderia nos contar sobre sua família e esse meio social urbano? Como foi crescer lá?

Nancy Fraser – Vocês já descreveram parte significativa dessas condições. Minha família nasceu nos Estados Unidos – meu pai era filho de imigrantes e a história da minha mãe é um pouco mais complicada, mas ambos fizeram parte dessa geração do pós-guerra, que estava muito empenhada em se assimilar ao país por meio do sucesso econômico. Foi uma época de prosperidade e eles estavam muito focados em viver uma vida confortável, uma vida familiar, adquirindo todos os novos produtos que estavam disponíveis – geladeiras, aspiradores de pó, carrões.

Quando eu tinha uns dez anos, meus pais venderam a casa na cidade e nos mudamos para o que era então um novo subúrbio. Isso fazia parte da chamada "*white flight*" [fuga branca]: famílias brancas eram basicamente convencidas por corretores imobiliários a vender suas casas dizendo-lhes que o valor de sua propriedade cairia à medida que os afro-americanos se mudassem para o bairro. Apesar de serem progressistas alinhados ao *New Deal*[6], e não conservadores, meus pais na prática compraram essa ideia. Isso e outras coisas do tipo tornaram-se motivo de discórdia entre nós.

---

[6] O termo empregado por Fraser, em inglês, é "*New Deal liberals*". O sentido estadunidense do termo "liberal", no entanto, não equivale ao nosso. Historicamente associado às políticas do Partido Democrata, ele pode ser usado para descrever figuras da dita terceira via, como Bill Clinton, cujo governo aprofundou o desmonte do Estado de bem-estar social; ao mesmo tempo que pode comportar certo horizonte intervencionista, como no caso do *Welfare State* formulado pelo *New Deal* de Franklin Delano Roosevelt. No caso dos pais da autora, trata-se aqui do apoio às políticas sociais rooseveltianas que, após os anos de Depressão, criaram, por exemplo, um sistema previdenciário que incluía a estipulação do salário mínimo, aposentadoria, seguro-desemprego, entre outros. Ou seja, esse liberalismo diz respeito ao caráter economicamente inclusivo das políticas sociais do período. (N. E.)

Enquanto eu crescia, questionava constantemente meus pais sobre essa hipocrisia. Eles me diziam que a segregação racial era errada e assim por diante, mas não estavam realmente fazendo nada para combatê-la, pelo contrário, estavam seguindo o roteiro delineado por esse sistema. Na adolescência, a rebelião contra meus pais estava vinculada ao processo de me radicalizar politicamente e tentar descobrir ou inventar uma forma de ser de esquerda que não estava disponível para mim por causa do macarthismo.

Eu não tive contato com nenhuma forma de pensamento político radical. A coisa mais radical que ouvi foi quando uma política, Madalyn Murray, que era ateia convicta, chamou minha atenção. Ela era de Baltimore, de meu distrito na verdade, e levou até a Suprema Corte dos Estados Unidos um caso que exigia a remoção da frase "sob Deus" de nosso juramento de fidelidade à bandeira. E ela venceu o caso! Mesmo não tendo nenhuma formação feminista na época, me atraí subliminarmente pelo fato de ela ser uma mulher e ter uma postura firme e intransigente.

Então, o primeiro passo de minha jornada foi o movimento pelos direitos civis – em especial o movimento pela dessegregação, do qual participei como uma jovem estudante do ensino fundamental e médio. Isso me levou rapidamente a movimentos contra a Guerra do Vietnã – aliás, esse é um caminho que muita gente da minha geração seguiu nos Estados Unidos. Nesse momento, eu já estava na universidade: conheci o movimento estudantil, o Estudantes por uma Sociedade Democrática (em inglês, SDS), e, depois, o marxismo. Só cheguei ao feminismo depois de tudo isso. Portanto, a sequência foi bem diferente do percurso de feministas mais jovens, que chegam primeiro ao feminismo. Tenho certeza de que o fato de eu já ter uma espécie de ativismo antirracista, uma crítica anti-imperialista à guerra e uma visão anticapitalista que evoluiu para o marxismo influenciou fortemente meu feminismo. Sempre foi um feminismo que incorporou, de alguma forma, uma espécie de interseccionalidade (não usávamos essa palavra na época). Era um feminismo que entrelaçava antirracismo e anti-imperialismo de uma perspectiva anticapitalista mais ampla.

O fato de eu já ter um ativismo antirracista, uma crítica ao imperialismo e uma visão anticapitalista que evoluiu para o marxismo influenciou fortemente meu feminismo.

ME – Você foi muito ativa na nova esquerda na década de 1960. Poderia falar sobre esses primeiros engajamentos políticos e também sobre as principais organizações com as quais se envolveu?

NF – No movimento pelos direitos civis, eu era próxima do Comitê Coordenador Estudantil não Violento (em inglês, SNCC), um grupo muito impressionante de jovens com tremenda dignidade, tremenda coragem, que estavam reivindicando um tipo de ativismo de baixo para cima, em oposição a Martin Luther King e à Conferência da Liderança Cristã do Sul (em inglês, SCLC), um grupo mais vinculado à igreja. Isso foi antes da entrada em cena de correntes mais militantes, como Malcom X ou mesmo os Panteras Negras. Quando isso aconteceu, é claro, fiquei muito impressionada. Também teve um grande impacto em mim o fato de que ambos, Martin Luther King e Malcom X, foram assassinados quando muito jovens, com menos de quarenta anos. Pouco antes de serem mortos, os dois tinham feito uma espécie de virada na direção de um antiessencialismo racial baseado na classe, embora de modos diferentes. Malcolm voltou de uma viagem a Meca, alegando ter encontrado muçulmanos brancos que eram seus aliados e criticou a política de identidade do essencialismo negro da Nação do Islã dos Estados Unidos; Martin Luther King, como se sabe, foi morto em Memphis, Tennessee, apoiando uma greve dos trabalhadores de saneamento urbano, e já havia se posicionado firmemente contra a guerra, o imperialismo e a pobreza. Ou seja, eu já estava muito interessada na conexão entre classe e raça.

A filosofia me atraía porque sempre me impulsionava a ir fundo na raiz das coisas, o que – claro – o marxismo da época também tentava fazer, então as coisas se encaixavam.

Em meu ativismo contra a Guerra do Vietnã, comecei trabalhando para a Philadelphia Draft Resistance, uma organização que fazia grandes comícios, nos quais os jovens entregavam seus cartões de alistamento para que queimássemos aquela papelada. Era uma ação direta, uma espécie de grupo militante, mas que teve muito apoio de figuras religiosas, principalmente na Filadélfia, que era uma cidade quaker – e os quaker eram pacifistas. Assim como no caso do movimento pelos direitos civis, isso me colocou em contato com religiosos de esquerda, o que foi algo novo para mim, porque eu era de uma família judia secular e não havia tido nenhum contato com a religiosidade cristã, ou quaisquer outras formas de religiosidade. Mas, no final, gravitei para o materialismo mesmo, para uma espécie de marxismo.

Num primeiro momento, na Filadélfia, onde fiz universidade, me envolvi com uma corrente da SDS, que se autodenominava Comitê Trabalhista. Era um grupo muito intelectualizado. Metade dos integrantes provinha de grupos trotskistas, como o Partido Socialista dos Trabalhadores (SWP) e a Liga Espartaquista. Algumas dessas pessoas tinham sido expulsas ou abandonaram esses grupos. A outra parte, mais jovem, vinha do movimento de Quatro de Maio nos Estados Unidos, que era a ala jovem do

Partido Trabalhista Progressista (PLP). Portanto, o movimento era uma mistura de maoismo e trotskismo.

Eu não tinha qualquer histórico com nenhuma dessas alas, mas mergulhei nessa mistura toda e meio que funcionou para mim. Nessa época, eu já era uma intelectual muito séria. Estudava filosofia, o que eu adorava. Acho que a filosofia me atraiu porque sempre me impulsionava a ir fundo na raiz das coisas, o que – claro – o marxismo da época também tentava fazer, então as coisas se encaixavam. Esse grupo mobilizava as ideias trotskistas de um programa socialista de transição, tentava formular reivindicações e ideias programáticas que dissessem algo às pessoas sobre as situações concretas que enfrentavam, sobre as questões que estavam em suas mentes, mas que buscava, ao mesmo tempo, encaminhar uma reflexão sobre questões estruturais sistêmicas mais profundas.

Quando entrei nesse grupo, estávamos nos organizando contra o novo prédio do centro de ciências, na Universidade da Pensilvânia, que reuniria pesquisas de todas as áreas, faculdades e universidades – incluindo a faculdade para mulheres da qual eu fazia parte. Eles estavam basicamente destruindo o bairro negro de classe trabalhadora, forçando as pessoas a deixarem suas casas para erguer um grande edifício de vidro e aço. Nesse prédio, eles fariam pesquisas de guerra, para a Guerra do Vietnã – armas químicas e sabe-se lá o quê. Então, essa se tornou uma causa famosa na Filadélfia, com estudantes de todas essas universidades envolvidas se unindo.

Estávamos coletando assinaturas para uma petição para interromper a construção desse centro. Fomos ao escritório do reitor para entregar a petição, sem nenhum plano específico além disso. Ele não estava e sua secretária disse que dali a pouco voltaria. Estávamos, provavelmente, em trinta pessoas, e apenas respondemos: "Tudo bem, vamos esperar", e sentamos no chão da área de recepção. O presidente veio, nós entregamos a petição, explicamos do que se tratava, e ele disse: "Muito obrigado. Isso é muito interessante, vou estudar o que vocês me deram com muito cuidado e levar isso em consideração. Podem sair agora". Todos começaram a se levantar para sair – nós éramos jovens, nunca havíamos estado na presença de um reitor de universidade antes. Mas um cara se ergueu e disse bem alto: "Você deve pensar que somos idiotas. Nós não vamos embora! Sabemos que você não está nem aí para essas questões". De repente, todos se sentaram.

O período era explosivo. Uma ação ousada de alguém era capaz de fazer a diferença. A intelectualidade me atraía muito. Esse tipo de coragem também.

Foi um daqueles momentos – como Lênin na Estação Finlândia: todos se sentaram e logo surgiu o boato de que havia uma ocupação no escritório do presidente. As pessoas começaram a chegar de todas as partes. Quando vimos, havíamos ocupado todo o prédio da administração e havia milhares de estudantes lá. Isso dá uma noção de como o período era explosivo, a ponto de uma ação ousada de alguém fazer a diferença. Isso rompeu imediatamente com muita coisa. Sabe, fomos socializados para sermos boas meninas, bons meninos. Esse episódio foi muito importante e consolidou meu envolvimento com esse grupo – a intelectualidade me atraía muito, e esse tipo de coragem também.

Organizamos, depois, uma campanha eleitoral para a Câmara de Vereadores: uma candidatura que defendia um programa de moradia, educação e empregos a ser pago com impostos dos bancos, dos especuladores imobiliários, das seguradoras, a ponto de eles serem basicamente expropriados. Não usamos a palavra "socialismo", mas era uma espécie de programa social de transição. Esse grupo se desenvolveu e acabou se tornando uma organização internacional, chamada Bancada Nacional dos Comitês Trabalhistas (em inglês, NCLC); mas depois se tornou internamente autoritário, com uma espécie de figura "guru", bem estranho, controlador e paranoico. Fiz parte de um bom terço dos integrantes que rompeu só por ter enfrentado esse cara (não me lembro se fomos literalmente expulsos ou se saímos). Quero dizer, é claro que tínhamos uma análise diferente, mas a verdadeira questão era esse tipo de culto à personalidade que estava se tornando forte.

ME – Como essa experiência política influenciou sua trajetória e a decisão de cursar a graduação em filosofia?

NF – Tentamos, por alguns anos, dirigir uma organização independente, chamada Comitê Trabalhista Socialista. Em meados da década de 1970, ele acabou se esgotando. A nova esquerda, como vocês sabem, foi praticamente desintegrada; muitos grupos e ativistas estavam se voltando para dentro, o SDS já havia passado por mais de uma cisão; outros grupos haviam passado para a ação direta violenta... A cena como um todo tornou-se insustentável.

Haviam se passado cinco anos desde a minha formatura e naquele momento decidi que era melhor traçar algum tipo de plano de vida – eu não poderia apenas continuar sendo militante em tempo integral, esperando a revolução a qualquer minuto. Por isso voltei para a universidade e fiz minha pós-graduação em filosofia, retornando àquele primeiro amor, mas com uma visão de mundo totalmente nova e desenvolvida. Não estou dizendo que era uma visão de mundo mais sofisticada, mas eu sabia muito bem o que me interessava e achava que sabia como abordar isso. Então, digamos, eu não era uma aluna de pós-graduação comum;

acabei indo para o Departamento de Filosofia Analítica, mas com uma compreensão real e uma sensação de que não seria transformada num produto deles. Eu usaria e aprenderia o que pudesse lá; e obteria, enfim, minha credencial. Acho que tudo funcionou razoavelmente bem. Melhor do que eu poderia esperar.

ME – Você mencionou as tendências trotskistas e maoistas no SDS, mas [Herbert] Marcuse também foi muito influente lá. Poderia dizer algo sobre a figura dele? Como você chegou a Marx, à Escola de Frankfurt e à teoria feminista?

NF – Ok, então agora eu tenho que voltar um pouco para a minha época de graduação. Fui aluna do Bryn Mawr College, que era uma faculdade feminina de elite, fundada por feministas de classe alta, que chamávamos de "*blue stocking feminists*" [feministas de meias azuis] – que provinham das classes de elite protestantes brancas anglo-saxônicas [White Anglo-saxon Protestant (Wasp)] –, cujo feminismo consistia na ideia de que "as mulheres podiam fazer tudo o que os homens faziam: podíamos aprender física, podíamos estudar matemática de alto nível e, acima de tudo, os clássicos". Era um lugar onde não estudávamos ciências sociais, porque eram consideradas de classe baixa, mas passávamos pelos clássicos: grego, latim, física, matemática. Era muito incomum e eu meio que adorei, mas estava totalmente fora de sincronia com o *ethos* da década de 1960, quando todos exigiam que a educação tivesse relevância. A palavra-chave era relevância.

Era difícil argumentar que a matemática grega clássica era especialmente relevante para o que eu estava fazendo, então comecei a frequentar cada vez mais aulas em uma pequena faculdade masculina próxima, chamada Haverford College. Claro, eu gostava do fato de que havia garotos lá também, mas era um lugar muito diferente de Bryn Mawr – muito mais, digamos, contracultural. Foi lá que conheci Richard J. Bernstein – falecido muito recentemente –, que foi uma influência muito importante para mim naquela tenra idade e, mais tarde, tornou-se meu colega na New School. Um dos cursos que fiz com ele era sobre Marx. Isso foi mais ou menos na época em que ingressei no SDS e junto a alguns outros alunos participei de uma "tomada" do curso – uma das coisas que aconteciam naquela época. Dissemos: "Não, Bernstein. Você está nos ensinando uma ideologia social-democrata diluída, isso não é Marx. Cai fora. Nós vamos tocar as coisas a partir de agora". E foi o que fizemos! Mudamos o programa da disciplina, nós mesmos demos as aulas; revezamos. E, claro, Bernstein era um cara extraordinário, porque ele adorava isso. Acho que ninguém aceitou ter sua turma "tomada" com tanta graça, bom humor, generosidade e até apreço. Ele amou!

Foi aí que aprendi que havia uma espécie de disputa sobre como interpretamos Marx. A versão de Bernstein era altamente influenciada por Shlomo Avineri, que enfatizava esse lado social-democrata. Eu estava me interessando por *O capital*, em vez da teoria da alienação (havia toda aquela discussão sobre o jovem Marx e o Marx maduro). Enfim, foi assim que entrei em contato com Marx pela primeira vez.

Marcuse, se não me engano, apareceu em outro curso de Bernstein, quando lemos *O homem unidimensional*[7], que teve um grande impacto em mim. O que me impressionou foi que parecia um livro sobre como havia uma espécie de véu ideológico de conformismo encorajado pela sociedade, uma espécie de bloqueio do pensamento crítico. Isso ressoou muito fortemente em mim. Senti que capturava algo da atmosfera suburbana em que cresci, do mundo de meus pais, com o consumismo e assim por diante. Isso me marcou muito, e, mais tarde, quando voltei a fazer o doutorado, em meados dos anos 1970, fui com a ideia de que queria saber mais sobre a Escola de Frankfurt, porque sabia que Marcuse fazia parte dela. Até esse momento, porém, acho que não tinha lido nenhum dos outros frankfurtianos – talvez nem ouvido falar de [Jürgen] Habermas. Eu estava muito envolvida com o ativismo e, de qualquer forma, seu trabalho tinha acabado de ser traduzido para o inglês naquele momento.

Marcuse me impressionou muito. Eu sabia que ele havia sido professor de Angela Davis, e, é claro, ela era uma figura muito inspiradora para mim. Só mais tarde compreendi como Marcuse era incomum, porque ele era o único daquela geração da Escola de Frankfurt que se colocava expressamente do lado da nova esquerda. [Theodor W.] Adorno, [Max] Horkheimer e até mesmo Habermas foram críticos ou muito ambivalentes em relação ao movimento estudantil. Já Marcuse deixou bem claro que esse movimento foi um grande avanço – justamente contra aquela unidimensionalidade que ele teorizou. Descobri muitos anos depois que, no início dos anos 1970, ele publicou um artigo sobre marxismo e feminismo em uma das primeiras edições da revista *Women's Studies*, o que, em retrospecto, é algo extraordinário[8]. É um artigo muito ponderado; ele está pensando por si mesmo e não está ciente dos trabalhos anteriores que tentaram lidar com isso. Penso que ele era um ser humano extraordinário.

---

7 Trad. Robespierre de Oliveira, Deborah Christina Antunes e Rafael Cordeiro Silva, São Paulo, Edipro, 2015 [1964]. (N. E.)

8 A conferência "Marxism and Feminism" foi apresentada por Marcuse na universidade de Stanford no dia 7 de março de 1974, e posteriormente publicado em texto na revista *Women's Studies*, 1974, v. 2, n. 1, p. 279-88. [ed. bras.: "Marxismo e feminismo", trad. Mariana Teixeira, *Dissonância: Revista de Teoria Crítica*, v. 2, n. 1.2 (Dossiê Herbert Marcuse, Parte 2), p. 77-90, jun. 2018.] (N. E.)

ME – Vamos passar agora para o seu primeiro livro, Unruly Practices, *de 1989. Você se apresenta, nesse momento, como uma intelectual pública ou, em suas palavras, como uma acadêmica radical, que busca combinar "os diferentes pontos de vista da teórica e da agente política". Como você entende o papel do intelectual e sua relação com os movimentos sociais? Estávamos falando sobre isso até aqui, mas você acha que sua relação com os movimentos sociais mudou nas últimas décadas?*

NF – Lendo hoje, me descrever como acadêmica radical é uma formulação curiosa. Por um lado, como acadêmica, eu estava fundamentalmente dizendo que minha política agora era, de alguma forma, parte da academia. Então acho que parece quase uma espécie de recuo... Eu poderia ter substituído a palavra "radical" por "socialista" ou algo assim, o que também tem sua ambiguidade. Não me lembro ao certo o que me levou a escolher essa palavra. Mas o importante é o que vocês disseram antes: entrei na academia com uma visão de mundo da nova esquerda, ou seja, uma espécie de visão de mundo marxista não ortodoxa, anti-imperialista, antirracista e feminista. Um conjunto de posições, de valores, que eu não sabia operacionalizar depois que a nova esquerda se desfez. Mas eu me sentia muito comprometida com aquele quadro teórico, então eu estava trazendo isso para a academia e tentando descobrir como construir algum tipo de síntese – enquanto uma jovem professora, que tinha essa história e essa visão de mundo, que naquele momento não eram imediatamente traduzíveis em práticas políticas, pelo menos não para mim.

Mas havia, como vocês disseram, movimentos sociais que sobreviveram ou se construíram – pode-se dizer – sobre as cinzas da nova esquerda. E isso, me parece, dá continuidade a parte do espírito e dos objetivos da nova esquerda, embora não com o mesmo nível de militância explosiva. Acho que naqueles primeiros anos da década de 1980 meu principal interlocutor fora da academia era a segunda onda do movimento feminista, conforme ela se desenvolvia. O próprio movimento estava mudando – estava se tornando, se pensarmos em termos de um mundo político mais amplo, menos um movimento e mais um grupo de interesse e, em grande medida, um grupo de interesse dentro do Partido Democrata. O feminismo liberal já estava ficando muito hegemônico. E esse não era o tipo de feminismo que se encaixava nesse projeto anticapitalista maior, no qual eu estava interessada.

Outra coisa que estava acontecendo – e eu fazia parte disso – é que os intelectuais dentro do movimento estavam se tornando mais acadêmicos e "academicizados". Estávamos operando no contexto universitário, no qual você tem que conseguir estabilidade, você tem que publicar de forma significativa para a profissão, para garantir uma posição permanente e assim por diante. Você tinha que se fazer, de algum modo, pelo menos parcialmente aceitável para o tipo de academia *mainstream* e, também, manter sua fé – qualquer que fosse sua fé. Não foi fácil, mas eu estava lutando para isso e tentava, na introdução de *Unruly Practices*, fazer uma espécie de apologia daquela posição: do esforço, da tensão, da ambivalência. Sentia intensamente que minha experiência e consciência políticas eram um recurso real de força para fazer trabalho teórico, e sentia também que a educação teórica que conquistei para mim era uma força real para fazer trabalho político. Portanto, eu estava tentando dizer que, embora isso seja uma espécie de tensão, é uma tensão produtiva.

Sentia intensamente que minha experiência e consciência políticas eram um recurso real de força para fazer trabalho teórico, e sentia também que a educação teórica que conquistei para mim era uma força real para fazer trabalho político. Era uma tensão produtiva.

Eu de fato senti que, talvez antes, e talvez até mesmo durante os anos em que escrevi esses ensaios, na década de 1980, que ainda havia algum tipo de fluxo de ideias – indo e vindo – da academia para o ativismo e um aprendizado mútuo. Assim, os problemas que surgiram na prática ativista feminista foram assumidos e teorizados por pessoas como eu, e parte daquilo que a gente tinha a dizer, por sua vez, era refiltrado e reformulado pelos movimentos. Acho que havia alguma comunicação real entre os dois mundos.

Mais tarde, isso se perdeu, ficou muito mais difícil quebrar o sentimento de encastelamento da universidade. A teoria feminista tornou-se, consequentemente, muito mais esotérica e desconectada do ativismo. Uma reflexão que fiz sobre isso, sobre a qual escrevi posteriormente, foi que muito do feminismo da segunda onda era sobre teoria social; as pessoas estavam de fato buscando teorizar os mecanismos que produzem a dominação, incluindo a dominação masculina, mas não apenas ela. Estavam tentando entender as instituições, a relação entre capitalismo e dominação masculina (ou patriarcado, como algumas o chamavam). Essas eram as grandes questões da teoria social, mas elas foram cada vez mais deixadas para trás e esquecidas quando entramos na chamada "virada cultural" ou "virada linguística", no auge do pós-estruturalismo. Quero ressaltar que não considero isso completamente descartável. Aprendi muito nos anos em que me dediquei a esse estudo. Mas, em retrospecto, avalio que representou uma espécie de afastamento do ativismo e do verdadeiro pensamento antissistêmico, e, mais ainda, das práticas políticas antissistêmicas. Mas agora redescobrimos isso. Acredito que o melhor do momento atual é o entendimento de que é possível aprender com a virada cultural e suas importantes descobertas, inserindo-as em uma combinação que inclui um interesse renovado por teoria social. Me refiro, por exemplo, à teoria da reprodução social – o feminismo da reprodução social –, que é uma espécie de sintoma desse retorno à teoria social. O interesse pelo marxismo negro e pela teoria da interseccionalidade também é um marco dessa tentativa de ampliar o panorama de reflexão.

Creio que há, novamente, um fluxo muito mais fácil entre as pessoas e as ideias geradas em um ambiente acadêmico, como o meu, e o mundo da luta social e do ativismo político. Isso me mostra que essas linhas de comunicação, sejam elas robustas, sejam elas estreitas, dependem do *Zeitgeist* político. Eu vivi diferentes partes desse ciclo e, agora, estou me sentindo não exatamente otimista em relação ao mundo, mas energizada de uma forma que é, pelo menos em alguma medida, uma reminiscência de minha experiência na nova esquerda nas décadas de 1960 e 1970.

ME – O capitalismo sempre desempenhou um papel importante em sua teoria e em seu trabalho. Mas depois da crise de 2008 ele se torna central. Com ela, vem o diagnóstico da crise tendencial e das contradições estruturais. Karl Polanyi e a oposição entre mercado e sociedade se tornam importantes no seu trabalho e, no início de 2010, você começa a falar em tríplice movimento. Poderíamos dizer, "Polanyi mais um": mercantilização, proteção social e emancipação. Essa é uma tentativa de reformular o dualismo entre economia e cultura, entre redistribuição e reconhecimento que você desenvolveu anteriormente? Se sim, em que termos? Por que o dualismo anterior não parecia mais suficiente?

NF – Essa é uma pergunta muito interessante! Deixe-me começar com a questão sobre reconhecimento e redistribuição. Quer dizer, o ponto de partida para isso foi a ruptura na esquerda – pelo menos nos Estados Unidos, mas acho que em muitas partes do mundo também – entre o que mais tarde veio a ser chamado, ou talvez já estivesse sendo chamado, política de identidade, de um lado, e política de classe, de outro. Pode-se dizer que, à medida que os movimentos trabalhistas tradicionais foram se enfraquecendo, o centro da energia se deslocou para o movimento das mulheres e, em algum grau, para a luta de libertação negra, em várias formas, e para as lutas em torno da sexualidade. Tudo isso foi meio que tachado, em bloco, de política identitária por pessoas que haviam sido socialistas de esquerda, mas que fizeram as pazes, de uma forma ou de outra, com o funcionamento do sistema, que se tornaram social-democratas ou o que quer que seja, mesmo que não todas. Elas estavam muito incomodadas com essa chamada militância política identitária. Da mesma forma, algumas pessoas do lado do feminismo desdenhavam das que ainda abrigavam alguma perspectiva de classe. Viam isso como ultrapassado e sem valor.

Eu queria intervir nessa situação e fiquei meio impressionada com o material de Axel Honneth e, antes disso, com o de Charles Taylor sobre o multiculturalismo e a política de reconhecimento, que traziam alguns *insights* realmente interessantes, em termos de como pensar isso do ponto de vista da filosofia política. Nesse momento, ainda tínhamos o paradigma redistributivo que surgiu de uma espécie de auge do pensamento liberal igualitário: [John] Rawls, [Amartya] Sen, [Ronald] Dworkin, e comecei a trabalhar com esses filósofos analíticos da justiça. Então pensei que seria interessante colocar esses dois paradigmas lado a lado – o paradigma distributivo e o paradigma do reconhecimento – e tentar mostrar porque esse não era um jogo de soma zero e porque seria importante que essas duas vertentes da esquerda unissem forças. Esse trabalho teve origem num impasse político, pode-se dizer, do mundo real.

Para mim, porém, acho que isso ficou mais claro com o livro que escrevi com Axel Honneth, *Redistribution or Recognition?*. Comecei, nesse livro, a ressituar o problema da redistribuição-reconhecimento no escopo do capitalismo. Em um nível, os chamei de "idiomas populares", que são as linguagens que as pessoas usam para fazer reivindicações, e comecei a ver que havia algo mais profundo acontecendo. Não era por acaso que esses dois tipos de reivindicação tinham sido colocados um contra o outro como um jogo de soma zero. Havia algo na estrutura do capitalismo que nos levava a pensar: "a cultura está aqui e a economia está ali". Então, eu estava tentando abordar de forma genealógica de onde essas linguagens vinham, o que me levou de volta à teoria da sociedade capitalista. Logo depois disso, percebi – e acho que já insinuo isso nesse livro – que realmente havia um terceiro eixo que precisava entrar: o político. Se o reconhecimento é cultural e a redistribuição é econômica, precisamos de alguma forma falar sobre *representação* como o terceiro "R", por assim dizer.

Eu já estava descobrindo que esse quadro teórico era muito restrito para tudo que eu queria fazer. E há tantos tipos de acidentes e contingências na vida... Acho que eu estava dando um curso sobre teorias do capitalismo e relendo *A grande transformação* de Polanyi pela primeira vez desde, provavelmente, meus tempos de graduação (porque como uma marxista não é comum voltar a ler Polanyi ou mesmo [Max] Weber). Mas eu estava lendo todos esses grandes teóricos sociais do capitalismo e descobrindo muita coisa de interessante em todos eles. Então, encontrei uma maneira de pensar *com* e *contra* Polanyi, que parecia oferecer alguns *insights* sobre a grande transformação atual: o desfazer da social-democracia e a reincorporação de tudo ao mercado.

Descobri também que a obra de Polanyi, por maior que seja, era maculada por certo tipo de comunitarismo nostálgico. Não acho que isso era intencional. O próprio Polanyi era nitidamente um socialista independente, ele não estava tentando voltar para qualquer tipo de sociedade comunitarista. A estrutura conceitual que ele estava usando, no entanto, não era adequada para gerar uma crítica que pudesse fazer as duas coisas ao mesmo tempo: criticar a mercantilização e também criticar formas de protecionismo – que estavam reciclando algumas formas de dominação não baseadas no mercado. Especialmente quando você pensa sobre o populismo de direita hoje em dia, vê-se como é importante poder fazer essas duas coisas ao mesmo tempo.

De qualquer forma, tentei introduzir as ideias de lutas emancipatórias nesse tipo de dualismo entre protecionismo e mercantilização. Claro, como feminista, a palavra "protecionismo" já deixa a pulga atrás da orelha, certo? Quero dizer, essa era a ideia vitoriana de proteger as mulheres de empregos que poderiam prejudicar sua saúde reprodutiva e assim por diante, mas sem transformar a sociedade; apenas removendo-as [mulheres], sem fornecer novas fontes de renda ou o que quer que seja. Portanto, achei Polanyi bom para pensar *com* e *contra*.

Acabei com a ideia de que dois Karls eram melhores que um. O que precisávamos era de uma integração de Karl Marx e Karl Polanyi. Tentei desenvolver uma concepção de capitalismo que correspondesse a isso.

Então, acabei com a ideia de que dois Karls eram melhores que um. O que precisávamos era de uma integração de Marx e Polanyi, porque Polanyi tinha essa ideia que chamei de "contradição interdomínio": uma contradição entre a lógica econômica da sociedade capitalista, por um lado, e outras lógicas que surgiam de outros domínios da vida social e que foram, de fato, os pilares de sustentação da economia, mas tinham diferentes compromissos normativos embutidos neles e, igualmente, lógicas distintas. Polanyi foi ótimo para me dar uma ideia de como prestar atenção a essas dissonâncias entre os "domínios" no capitalismo. Mas faltavam em Polanyi todas as coisas pelas quais você precisa de Marx. Então, pensei que tínhamos dois tipos de contradição: a contradição marxiana – a queda da taxa de lucro e o aumento da composição orgânica do capital – e a contradição polanyiana. O que fiz foi tentar desenvolver uma concepção de capitalismo que integrasse um interesse por ambas.

ME – Em livros mais recentes – Capitalismo em debate *e* Capitalismo canibal *–, você desenvolve ainda mais essa abordagem e apresenta uma* *compreensão da sociedade capitalista como uma ordem social institucionalizada, que é complexa e envolve diferentes domínios e contradições estruturais que têm um caráter econômico, racial, de gênero e uma dimensão política e ecológica. Você poderia explicar sua concepção de capitalismo em termos gerais e o que quer dizer quando afirma que o mercado canibaliza não apenas o trabalho livre, mas também a natureza não humana, a reprodução social, a democracia, as instituições políticas e as condições de sobrevivência daqueles de quem o trabalho é expropriado?*

Comecei a intuir que precisávamos de algum tipo de teoria pós-economicista da crise. A crise é de toda uma sociedade, sistema ou ordem, e o melhor nome para essa ordem social é capitalismo.

NF – Começando pela noção de crise que vocês mencionaram anteriormente. No meu trabalho, estou sempre respondendo ao que em meu entendimento realmente está acontecendo no mundo. Nessa fase, procurava responder ao que me parecia cada vez mais premente: uma espécie de grande crise geral de toda a ordem civilizacional. Claro, houve a crise financeira de 2008-2009, e as crises cada vez mais evidentes, e ainda mais nítidas hoje: ecológica, climática, do cuidado, da reprodução social e assim por diante. E, óbvio, o surgimento de várias formas de populismo chauvinista de direita. Uma crise da democracia.

Me parece que isso tem alguma semelhança com o século XVII. Porque se vamos falar de crise do capitalismo, não podemos falar só da queda da taxa de lucro, do estouro de bolhas especulativas, da quebra do mercado de ações e assim por diante. Comecei a intuir que precisávamos de algum tipo de teoria pós-economicista da crise – e isso se relaciona com o que acabei de dizer sobre Polanyi: pensei ter visto alguns elementos para essa teoria em Polanyi, em termos de contradições interdomínio. Ao pensar sobre isso, percebi que ainda estava convencida de que o capitalismo é a categoria certa para enquadrar tudo isso. A crise é de toda uma sociedade, sistema ou ordem, e o melhor nome para essa ordem social é capitalismo.

Me dei conta de que tinha que rejeitar a identificação do capitalismo com um sistema econômico. É algo maior que isso. Nesse sentido, eu estava – talvez sem perceber completamente – voltando a algumas formas de pensamento frankfurtiano, talvez as ideias de [Antonio] Gramsci sobre o Estado Integral. Eu estava voltando às tradições do chamado marxismo ocidental que, de uma forma antistalinista, sempre rejeitaram a redução do marxismo e da teoria do capitalismo à economia e à teoria econômica.

Eu estava ministrando um curso com Cinzia Arruzza na New School sobre o Livro I de *O capital* e todas essas ideias estavam girando em minha mente. Me chamou muita atenção o belo movimento que Marx faz quando demonstra a impossibilidade de entender de onde vem o mais-valor se você permanecer no nível do mercado, se você pensar apenas na troca de equivalentes e assim por diante. Então tínhamos que descer a um nível mais profundo, que ele chamou de terreno oculto da produção, no qual encontramos a exploração, o segredo do mais-valor e assim por diante.

Mas fiquei pensando: "ora, feminismo já fala há muito tempo que existe algo mais profundo que a produção: a reprodução". Aí comecei a refletir que também tem toda a questão da natureza, de onde vem toda essa matéria-prima, a energia; e isso é outro terreno oculto. Depois disso, refleti sobre a questão da acumulação primitiva. Já havia todos esses debates sobre como ela não era apenas algo originário, mas algo contínuo, reposto: David Harvey e outros pensadores fizeram esse movimento, que diz respeito a outro terreno oculto. E, claro, há a política. Comecei a usar a formulação kantiana, "condições de possibilidade". Não existe economia capitalista sem um sistema que dê ao capital acesso ao trabalho de cuidado e às energias da reprodução social, acesso à natureza, acesso à riqueza e ao trabalho não livre ou semilivre de comunidades que não podem sequer reivindicar a remuneração de seus custos de reprodução, sem todos os bens e capacidades políticas que historicamente foram fornecidos pelos Estados. Cheguei, portanto, à imagem da economia como uma espécie de ponta do iceberg – uma ponta do iceberg bastante poderosa e importante, é claro. O capital requer esses suportes, essas condições de possibilidade, esses terrenos ocultos.

Isso me deu acesso ao que considero agora como uma questão fundamental: que tipo de relação existe entre a economia, que seria a história de primeiro plano, e essas várias outras histórias de fundo? Qual é a relação entre esses domínios? Novamente, é uma questão de contradição interdomínio (Polanyi) e predação ou canibalização. Isso me permitiu entender a atual crise do capitalismo em toda a sua multidimensionalidade – além da dimensão econômica mais familiar, também a dimensão ecológica, a dimensão política, a dimensão da reprodução social, a dimensão imperialista e assim por diante – e me permitiu entender seu caráter sistêmico: essas contradições são estruturais, não são secundárias, culturais, suplementares ou o que quer que seja; são contradições estruturais de um sistema que requer, e que incentiva, que o capital acesse esses insumos, sem custo ou abaixo do custo, de domínios que são concebidos como exteriores à economia.

Ao tentar desenvolver uma teoria da crise geral, tentei encontrar uma maneira de integrar *insights* da teoria feminista, de teorias antirracistas e anti-imperialistas, do pensamento ecológico e de algumas formas de teorias democráticas. Tudo isso junto às melhores formas de marxismo disponíveis, sejam elas quais forem. E não acho que haja nada de antimarxista nisso. Há em Marx passagens que expressam um reconhecimento real da importância dessas outras coisas. Só que elas não foram conceituadas e elaboradas de forma sistemática. O que tento fazer é mostrar um modo de trabalhá-las sistematicamente de maneira conceitual.

ME– Passando agora a alguns aspectos dessa teoria sistemática. Primeiro, sobre raça, imperialismo e expropriação: você afirma que o capitalismo requer mão de obra expropriada para manter o aumento dos lucros. Por que, para você, explorar a mão de obra livre não é suficiente? E também, você acha que com a atual ampliação da expropriação, a base estrutural da racialização está desaparecendo?

NF– Se pensarmos na expressão "capitalismo histórico", de Immanuel Wallerstein, não como uma abstração lógica mas sim como um sistema localizado no espaço e no tempo, e que neles se desdobra, fica evidente que o sistema sempre dependeu de formas de trabalho expropriado que foram segregadas das populações das quais dependia para o fornecimento de mão de obra explorada. Isso vale tanto para as primeiras conquistas da América, quanto para o escravismo institucionalizado do Novo Mundo, o transporte de africanos para as Américas, e assim por diante, ou mesmo para a reinstitucionalização pós-abolição de formas de supremacia branca, subserviência negra, mão de obra semilivre ou não livre, e as várias formas de servidão por dívida etc. Estou pensando nessa história dentro dos Estados Unidos, principalmente, mas é verdadeira globalmente também. [W. E. B.] Du Bois escreve em 1935 *Black Reconstruction In America* e fala sobre uma vasta massa negra, um proletariado negro, cujos trabalho e riqueza estão sendo extraídos por meio de várias formas de coerção. Isso fornece muitos insumos baratos que os trabalhadores icônicos do capitalismo, ou seja, trabalhadores industriais "livres" e brancos – certamente explorados e maltratados, mas que recebem um salário que, pelo menos em teoria, deveria cobrir seu custo de vida e cujo tempo fora do trabalho é, supostamente, deles próprios – não oferecem. Então o sistema depende da expropriação de populações racializadas. Ele combina insumos provindos de duas correntes. Ele mistura o algodão cru fornecido pelos escravizados no Mississippi com o trabalho explorado de trabalhadores ingleses livres em Manchester. "Atrás de Manchester está o Mississippi", como diria Jason Moore. Esse é um entre muitos e muitos exemplos. Historicamente, é isso que ocorre em todas as eras do capitalismo, incluindo o presente, quando poderíamos dizer: atrás de Cupertino [Califórnia] está Kinshasa [Congo]; por trás da sede da Apple, há o lítio e o algodão extraídos por semiescravizados no Congo; atrás dos trabalhadores que agora estão perdendo alguns dos privilégios ou padrões de vida que tinham no auge do fordismo e da social-democracia, daqueles que compram no Walmart, estão aqueles que costuram em Daca.

Em outras palavras, os insumos baratos dos quais o capitalismo se alimenta não precisam ser apenas matérias-primas, mas podem ser roupas, alimentos, coisas que vão manter o custo de vida baixo, para que o capital não tenha que pagar muito aos trabalhadores livres. Esses eixos estão imbricados, e o ponto-chave é que se trata de um único sistema social que depende de ambos e do que foram historicamente duas populações separadas; populações divididas entre si por cor, por uma linha de cor global – novamente, expressões de Du Bois. De certo modo, populações que foram levadas a não se reconhecer como vítimas de um mesmo sistema e como populações que não tinham como se emancipar sozinhas, que precisariam de algum tipo de aliança política, que infelizmente não se concretizou em grande escala.

Do ponto de vista do capitalismo *histórico*, isso é evidente. Você poderia perguntar se seria *teoricamente* possível tornar todos os trabalhadores igualmente explorados ou, de alguma forma, compartilhar o fardo da exploração e expropriação para além da linha de cor... Mas vou colocar desta forma: o que é necessário para o capitalismo é que alguns dos insumos não sejam pagos pelo custo total de sua reprodução. É o caso da natureza; o capital nunca paga o custo total de reprodução dos minerais e produtos agrícolas que são retirados da natureza. Não repõe o que toma, não repara os estragos que causa e o mesmo acontece com quaisquer populações que tenham sido conquistadas e fundamentalmente privadas de meios de autodefesa. Portanto, o capitalismo pode se safar, mas não tratando essas populações da mesma forma que trata os trabalhadores icônicos explorados.

Então ele precisa desses insumos baratos. Mas ele tem que obtê-los exclusivamente – vamos deixar a natureza fora de cena – de pessoas de cor? Não poderia também combinar as coisas? Acho que algo assim está acontecendo agora, o que leva à segunda parte da pergunta, porque, historicamente, os trabalhadores protegidos lutaram com unhas e dentes nos séculos XIX e XX para conquistar direitos trabalhistas, reconhecimento sindical, salário familiar e *status* de membros plenos e respeitáveis da sociedade capitalista no centro. E eles estão perdendo muito daquilo pelo que lutaram. Se, anteriormente, eles avançaram diante de um *status* composto, no qual estavam sendo explorados e expropriados, e saíram ao sol da pura exploração sem expropriação, eles agora estão sendo arrastados de volta para algum tipo de condição híbrida, na qual são oficialmente livres, mas não recebem mais salários que cubram seu custo total de reprodução. Suas famílias são forçadas a contribuir com muito mais horas de trabalho remunerado do que anteriormente, a fim de juntar algo semelhante a um padrão de vida para seus domicílios. Hoje, isso faz parte da história de gênero, das mulheres que realizam muito mais horas de trabalho remunerado em lares que têm um chefe de família masculino, ou onde a mulher é a única ou a principal provedora, ou quando as coisas ficam ainda mais difíceis – com múltiplos empregos, complementação de renda [“*moonlighting*”, quando uma pessoa tem um emprego integral e um emprego de meio período] e assim por diante.

> **A base estrutural da nítida divisão racial no sistema mundial está se deslocando. Mas o resultado é uma intensificação do racismo brutal.**

A condição de exploração, em seu estado puro, está portanto disponível para uma parcela cada vez menor da classe trabalhadora – mesmo em seu centro histórico. Ao mesmo tempo, tanto no centro histórico quanto no mundo pós-colonial as populações não brancas se tornaram juridicamente mais livres, adquiriram cidadania, mesmo que não totalmente, e adentraram o mundo do trabalho assalariado, em alguns casos, o trabalho fabril. Mas elas ainda sofrem alguma expropriação em suas vidas por meio da dívida soberana – no caso de muitos países, incluindo o Brasil, onde há uma espécie de desvio de riqueza, em grande parte, da população da classe trabalhadora cujos impostos vão para o pagamento dos juros da dívida, em vez de educação, saúde, creches e assim por diante. Então, o que estou dizendo é que a linha entre expropriação e exploração é muito mais tênue agora, em termos de quem está fazendo o quê. Antes tínhamos uma imagem muito distinta de duas populações separadas pela linha de cor – uma explorada e outra expropriada. Agora, é uma imagem mista.

Nesse sentido, o que se poderia dizer é que a base estrutural da nítida divisão racial no sistema mundial está se deslocando – e, se não desaparecendo completamente, pelo menos se suavizando. Ao mesmo tempo, o resultado não é uma atenuação do racismo brutal. Ao contrário, ele está em muitos casos se intensificando, justamente por causa dessa experiência de perda por parte de setores historicamente privilegiados da classe trabalhadora, que se veem – a partir de sua perspectiva – degradados ao nível daquelas pessoas. O resultado é uma espécie de racismo exacerbado, que está alimentando o sucesso do populismo de direita – “os imigrantes que estão tirando nossos empregos”, “os muçulmanos, os árabes, os judeus, os negros, os mexicanos...”. Portanto, trata-se de outra variante do problema histórico que é a incapacidade de unir as diferentes correntes e populações no interior da classe trabalhadora. O capitalismo

O capitalismo é um sistema social que funciona por meio da divisão e da canibalização que, de uma forma ou de outra, afeta a todos.

é um sistema social que funciona por meio da divisão e da canibalização que, de uma forma ou de outra, afeta a todos.

ME – Em Justiça interrompida*, você defende que raça e gênero são categorias bidimensionais. Elas estão imbricadas, mas há uma dimensão de* status *e uma dimensão econômica que não podem ser reduzidas uma à outra. Nesse novo modelo, você compreende as categorias de gênero e raça de outro modo? Elas vêm dessa canibalização ou a diferença de* status *ainda tem uma dimensão cultural?*

NF – Pelo que entendo agora, penso em *status* mais em termos políticos do que em termos culturais, mas não nego a dimensão cultural. Parece-me que, antes de tudo – pelo que disse sobre expropriação –, trata-se da incapacidade de traçar uma linha e se defender quando alguém vem atrás de você, toma sua terra, se apropria do seu corpo, o joga no porão de um navio e o transporta para o outro lado do oceano e te coloca para trabalhar cultivando algodão ou qualquer outra coisa. E isso está acontecendo em um mundo que está meio que redescobrindo a liberdade política, está reivindicando um direito natural inalienável, exigindo que as monarquias sejam derrubadas e substituídas por repúblicas nas quais as pessoas não são mais objetos, mas cidadãos e assim por diante.

Então, basicamente você tem essa construção de um *status* político livre, que traz consigo uma concepção de cidadania, com direitos subjetivos que podem ser defendidos na Justiça. Com ela, vem a ideia de que o fato de você trabalhar para outra pessoa em um fábrica, ou onde quer que seja, não significa que você não seja pessoa jurídica independente (se você for homem) porque possui alguma coisa. Você também tem uma propriedade, a propriedade de sua própria pessoa na propriedade de sua força de trabalho. Você a vende livremente em uma troca contratual etc. Portanto, há todo esse imaginário de liberdade que é acompanhado de direitos efetivos, de Estados que constroem ordens jurídicas, nas quais, em algum grau, as pessoas podem reivindicar seus direitos. Estes contrastam com todo um outro mundo, no qual isso está ausente. Um mundo onde as pessoas são propriedade, não os donos de propriedade. Outra pessoa possui você e, portanto, sua capacidade de trabalho e você não pode recorrer à lei. Neste mundo, como eu disse, as pessoas podem tomar sua terra, seus animais, seus filhos e assim por diante.

Essa é uma forma mais intensa de hierarquização de *status*, que se efetiva essencialmente por meios políticos. Se os Estados e a capacidade de reivindicar direitos e proteção dos Estados são as principais coisas que te mantêm fora desse mundo horrível, onde qualquer um pode fazer qualquer coisa contra você e não há nada que você possa fazer a respeito, então o outro lado disso é a privação de *status* político e de meios políticos para resistir: tanto não ter um Estado no qual possa se apoiar, como não ter sua própria comunidade militar para defendê-lo ou o que quer que seja. Comecei a desenvolver essa compreensão de *status*, que de fato mapeia a linha de cor que divide expropriação e exploração. Em minha opinião, isso chega ao cerne do que considero ser a opressão racial: exposição. Esse é um termo polanyiano. A pessoa está exposta, não tem condições de traçar a linha, não consegue dizer "você pode vir até aqui, mas não além disso". Trata-se da ausência da capacidade de traçar limites e de se proteger.

Eu diria que essa é de certa forma a essência, pelo menos no contexto estadunidense, do que raça significa e do que significa ser racializado. É essa exposição, a negação do *status* de liberdade. Então, sim, isso acompanha muita elaboração cultural sobre quem é preguiçoso, quem é estúpido, quem é um bruto e quase humano – um degrau acima de um animal não humano. Isso também é acompanhado por uma elaboração cultural por parte dos racializados, dos escravizados, que estão afirmando a humanidade, a comunidade, a dignidade etc. por meio da elaboração cultural – uma contraelaboração.

Mas quando estamos falando da força material sistêmica de opressão, acho que se trata de uma força combinada de pressão econômica sistêmica exercida pelo capital por meio da ação dos Estados, inclusive no que diz respeito a quem é cidadão e quem não é, aos direitos de migrantes ou a ausência desses direitos – os chamados "ilegais", que podem ser deportados e são, portanto, altamente expropriáveis. Então é isso que penso sobre a questão do *status*.

No que diz respeito ao gênero, embora haja elementos disso – no sentido da vulnerabilidade à violência masculina, tanto no contexto familiar e das relações íntimas quanto de forma mais ampla, no ambiente de trabalho, por exemplo, as pautas do movimento MeToo, assédio etc. –, há uma diferença, no sentido de que as relações de gênero muitas vezes são próximas e pessoais. Ao contrário das formas de falta de liberdade racial, que muitas vezes envolvem a introdução de distância – "não somos como eles" –, formas essas que são mais extremas do que pessoas compartilhando suas camas, mesas e crianças nos dois polos de uma divisão de gênero.

Quero insistir na gravidade da situação de *status* relacionada à racialização. Pelo fato de o trabalho de reprodução social se dar de uma forma mais íntima, em linhas de gênero, a dimensão de *status* nessa esfera, embora exista, tem outro teor. Não é à toa que tem sido mais fácil conseguir algumas reformas de *status* para as mulheres. Não apenas para as mulheres, mas para torná-las mais socialmente reais do que tem sido, no que diz respeito às populações de cor. Agora, é evidente, temos aqui que adentrar as intersecções e é exatamente disso que trata meu mais novo trabalho.

ME – Qual é a sua opinião sobre a divisão entre trabalho produtivo e improdutivo? Porque este é um dos principais tópicos de discussão da teoria da reprodução social. Se ela é produtiva, como defendem Silvia Federici e Alessandra Mezzadri? Ou se não é, como argumenta Lise Vogel?

NF – Devo dizer que, para mim, esse debate é um pouco escolástico e não tão interessante, porque acho que é muito semântico. Se você aceitar a definição marxiana do que significa trabalho produtivo, trata-se do trabalho que gera diretamente mais-valor. Se você aceita, novamente, a ideia marxista canônica de que o mais-valor é gerado nessa lacuna entre o pagamento das horas trabalhadas, mas não do mais-valor gerado, então o trabalho de cuidado fora de uma empresa com fins lucrativos não gera mais-valor dessa maneira direta e, portanto, não conta como trabalho produtivo.

O problema é que a palavra "produtivo" também tem um significado de linguagem comum, isso não é técnico, e se estamos falando de produzir valor de uso, que é – de certa forma – o que deveria nos preocupar, então é óbvio que o trabalho reprodutivo produz coisas das quais definitivamente precisamos, nos preocupamos e devemos valorizar e compensar.

Outra maneira de pensar sobre isso é em termos do contraste entre mais--valor e lucro. Podemos certamente dizer que o trabalho de cuidado não remunerado, ou mesmo o trabalho de cuidado mal pago nas casas dos indivíduos – que é pago com renda e não é lucro –, não produz mais-valor, mas contribui de forma muito importante para o lucro. Meu ponto é que o marxismo se preocupou demais com o mais-valor e de onde ele vem, mas não o suficiente com o lucro e de onde ele vem.

Portanto, todas as coisas de que estamos falando aqui, os insumos não remunerados de natureza não humana, os insumos não remunerados do trabalho expropriado, do trabalho de cuidado, os bens públicos fornecidos pelos Estados fora do mercado, todas essas coisas contribuem para o lucro. Os lucros do capitalista não existiriam se os proprietários fossem forçados a pagar pelos custos de reprodução de tudo o que entra em seu lucro. Então, não vamos nos preocupar tanto com o que produz mais-valor, vamos nos preocupar de onde vêm os lucros; e, nessa chave, isso vem do trabalho de cuidado, da natureza e de todos esses outros insumos abaixo de custo.

ME – No Brasil, seu conceito de "contrapúblico" está sendo mobilizado para designar movimentos de direita também, porque agora – de alguma forma – a direita está se colocando como a única alternativa radical. E com a ascensão de Marine Le Pen, na França, e a vitória de Giorgia Meloni, na Itália, a extrema direita parece estar mudando. A deputada Júlia Zanatta fez uma declaração recente defendendo uma ala feminina, em vez de uma ala feminista no Congresso. E mesmo nos Estados Unidos a ascensão de movimentos, como o Mães pela Liberdade e outros pastiches do movimento liderado por Phyllis [Stewart] Schlafly na década de 1960, mostram que as mulheres de extrema direita estão assumindo um papel essencial nos novos movimentos fascistas. Você concorda que há um possível devir feminino da extrema direita que se distancia do feminismo liberal por meio de uma defesa do "feminino"? Fazendo um pequeno desvio para a indústria cultural: os dois filmes mais comentados do ano são Barbie *e* Oppenheimer, *e o que se chamava de* pinkwashing *com esse filme da Barbie tornou-se quase literal. E há uma reação política evidente que defende uma nova feminilidade destemida – que vemos nas novas coleções da moda – e assim por diante. Será que vamos testemunhar um apocalipse* pink *de extrema direita?*

NF – Muito, muito interessante. Vocês estão absolutamente certas sobre esse tipo de contraestratégia pública que tem sido perseguida com muito sucesso pela direita, a tal ponto que – pelo menos nos Estados Unidos, possivelmente também no Brasil – estamos vivendo em um mundo onde há dois públicos separados. Quer dizer, o contrapúblico deles tornou-se tão grande que você nem consegue mais dizer qual é o público e qual é o contrapúblico. Então, eles têm sido extremamente bem-sucedidos e isso é absolutamente verdade: toda a teoria da esfera pública, na qual não trabalho há muito tempo – felizmente, outras pessoas estão trabalhando nisso –, tem que progredir muito para além dos artigos que escrevi décadas atrás e também analisar o papel das mídias sociais, algoritmos, digitalização. Seria hora de um novo livro chamado "A nova transformação estrutural da esfera pública" e acho que há pessoas que estão em posição de escrever isso. Mas, novamente, eu mesma não estou fazendo esse tipo de trabalho há algum tempo.

Sobre a feminização da direita, chama a atenção a visibilidade das mulheres em movimentos que pensávamos como machistas, muito machistas. E, sim, em retrospecto, Phyllis Schlafly foi uma pioneira na forma como organizou a Campanha contra a Emenda por Direitos Iguais (também conhecida como Stop ERA) – que eu acho que os historiadores agora veem como algo que foi meio que inventado, provavelmente por homens, na John Birch Society e nesses outros movimentos de extrema direita:

quando eles perceberam que não podiam mais defender o racismo de Jim Crow, eles encontraram outra coisa para aumentar seu movimento.

Há uma série estadunidense de TV muito interessante sobre feminismo e a luta pela emenda de direitos iguais chamada *Mrs. America*, que termina com a própria Phyllis Schlafly muito desapontada. Ela pensou que estava se colocando em posição de ser secretária do gabinete no governo de [Ronald] Reagan depois de tudo o que fez para ajudar em sua eleição. Mas foi deixada de lado. Portanto, existe até uma história feminista sobre a própria marginalização de Schlafly.

Mas isso é história antiga e, como você disse, agora temos Meloni, temos Marine Le Pen, "Mães pela liberdade" e tudo isso à direita; e então temos Greta Gerwig, que certamente não se considera uma direitista – pelo contrário, uma cineasta progressista, bem-intencionada. Então, eu a distinguiria dessa comercialização capitalista de consumo, esse marketing de gênero regressivo de uma boneca, mas como você disse – *pinkwashing* –, essa é uma bela expressão, obrigado por isso. Então, estamos sendo atacados de ambos os lados, em outras palavras. E olha, não sei bem o que dizer, mas esse debate da *Barbie* tem uma história que remonta a todos os debates sobre a Madonna, aquele tipo de auto-objetivação como empoderamento.

Portanto, temos todas essas figuras na cultura consumista recente. São, de certa forma, figuras ambíguas; é empoderamento, é o contrário? Então esse é o debate – não vi o filme, mas esse é o debate em torno dele e as críticas que estou lendo até agora... Gerwig está, de alguma forma, tentando passar por cima dele, provavelmente as coisas não estão terminando como ela pretendia.

Há um processo de normalização e humanização do extremismo de direita. Querem lhe emprestar uma face suave, feminina.

Isso tudo é extremamente importante e acho que o que podemos dizer – pelo menos em termos de direita – é que isso faz parte da normalização do extremismo de direita, que antes podia ser visto como um fenômeno de franja, é sobre humanização e normalização. Eles estão dando a esse movimento uma face suave. Mas de alguma forma há também uma atração genuína de certas mulheres por esses movimentos. Assim, mulheres ambiciosas podem vislumbrar uma forma de ascender dentro desses movimentos, e então a massa mais ampla de mulheres pode ver um rosto nesses movimentos, que é mais suave, mais agradável e mais atraente.

Quero dizer, sempre nos perguntamos como [Donald] Trump conseguiu a maioria dos votos das mulheres brancas em 2016, e isso gerou muita especulação, porque ele era abertamente predatório em suas próprias interações com as mulheres. Para algumas mulheres, pode ter sido atraente o fato de que ele era um lutador, ele nos protegeria mesmo que não gostássemos dos comentários sobre "agarrar a boceta" e assim por diante. Ele mostrou que ele não tinha medo de defender aquilo em que acredita e, portanto, talvez pudesse nos proteger. Agora que adicionamos um segundo argumento, com as Meloni e as Le Pen e assim por diante, esses movimentos também têm um lugar para as mulheres como líderes, como figuras cativantes.

É muito interessante. Isso mostra que a apresentação de gênero do feminismo liberal não funcionou. Mostra também que se as feministas querem – e este é o argumento de nosso manifesto *Feminismo para os 99%* – fazer uma contrainiciativa a essa esquerda, temos que encontrar outras estratégias de apresentação, visuais e de autoapresentação.

ME – Para terminar, poderia falar um pouco sobre seu projeto novo e a investigação sobre as intersecções que você mencionou?

NF – Sim, estou trabalhando em um novo livro, com o título provisório de *Three Phases of Labor: Uncovering the Hidden Ties Between Gender, Race and Class* [Três fases do trabalho: desvelando as amarras ocultas entre gênero, raça e classe]. É uma obra inspirada em *Black Reconstruction in America*, de Du Bois, a qual argumenta que no século XIX os Estados Unidos tinham dois movimentos trabalhistas: o sindicalismo e o abolicionista. Cada um deles estava tentando defender uma das faces do trabalho capitalista explorado e do trabalho expropriado. Em meus termos, eles deveriam ter – mas não o fizeram – reconhecido um aos outro como movimentos trabalhistas companheiros que poderiam unir forças e, se tivessem feito isso, poderiam ter mudado a história dos Estados Unidos e – possivelmente – do capitalismo global de forma mais ampla.

Gosto muito dessa ideia, acho que ainda é relevante hoje, mas também acho que há uma terceira face do trabalho capitalista: o trabalho reprodutivo. Assim, possivelmente, poderíamos conceituar como um terceiro movimento operário, não reconhecido – inclusive por suas próprias adesões, ou algumas delas –, denominado feminismo.

Então, estou tentando pensar na ideia de três faces do trabalho capitalista, que estão imbricadas em um sistema social, e que foram atribuídas a diferentes populações e deram origem ao que poderíamos pensar como três diferentes movimentos trabalhistas, que poderiam e deveriam ter se unido, mas não o fizeram. Então a pergunta é: eles podem se unir hoje?

DOSSIÊ: PÃO, POLÍTICA E TERRA – A QUESTÃO AGRÁRIA NO SÉCULO XXI

Apresentação

FABIANO ESCHER e LUIZ FELIPE OSÓRIO

A questão agrária esteve desde os primórdios no centro do debate teórico e político de Marx, de Engels e, posteriormente, do marxismo clássico até o mais contemporâneo. É peça nuclear da engrenagem da produção baseada na expropriação, na acumulação e no valor. Foi palavra de ordem na revolução socialista. Ao longo dos anos, ganhou conotações distintas, com ênfases diversas, a depender do desenvolvimento e da constituição dos territórios dos diferentes Estados-nação. Esteve na linha de frente dos processos econômicos, sociais e políticos ao redor do mundo, como em Ásia, África e América Latina. No caso brasileiro, basta pensar nas contribuições de alguns demiurgos do nosso pensamento nacional, como Alberto Passos Guimarães, Caio Prado Júnior, Celso Furtado e Ignácio Rangel, dentre outros.

As conotações atribuídas à modernização, à urbanização e à tecnologia, conforme visões mais limitadas, fazem parecer que o desenvolvimento do capitalismo escanteou o rural. Com a ascensão do neoliberalismo como ideologia hegemônica, não têm sido poucos a decretar a morte da questão agrária. No entanto, como os artigos deste dossiê demonstram, não poderiam estar mais errados. A questão agrária segue mais viva do que nunca, renovando-se e adquirindo novos significados, relacionados aos temas candentes de nossa época. Hoje, ela é tanto uma questão de terra como uma questão de alimentação, agroecologia, financeirização e luta por direitos. Os textos aqui reunidos comprovam a continuidade, a importância e a excelência dos estudos e debates promovidos sobre a temática no Brasil.

Marxismos, ecologia política e a questão ambiental contemporânea

FLÁVIA BRAGA VIEIRA
MARÍA JULIA GIMÉNEZ

No século XIX, Marx e Engels demonstraram que a pobreza e a desigualdade no capitalismo são estruturais e resultado direto da contradição entre capital e trabalho. Mais ainda, afirmaram que não há saída dentro desse sistema para as mazelas sociais que ele próprio produz.

No final do século XX e começo do século XXI, outra contradição inerente ao capitalismo se tornou evidente: a contradição entre sociedade e natureza. A exploração predatória dos recursos naturais – pautada pela lógica da acumulação capitalista que se traduz, sobretudo, pela crescente produção de mercadorias – carrega consigo não apenas a destruição de vidas humanas e nosso modo de viver, como também das múltiplas existências não humanas. Apesar de aparentar ser um sistema de produção, o capitalismo é, ao fim e ao cabo, um sistema essencialmente destrutivo.

Este artigo apresenta breves reflexões sobre esse campo problemático nos clássicos da tradição marxista, aprofunda a perspectiva da ecologia política latino-americana e conclui com alguns apontamentos contemporâneos.

Marxismos e a contradição sociedade-natureza

Ao contrário do extenso trabalho de formulação sobre a contradição capital-trabalho e sobre a necessidade de sua superação, não houve, no marxismo, o mesmo esforço para a contradição sociedade-natureza. Grande parte desse silêncio se deve ao fato de que o marxismo é tributário, por um lado, do positivismo do século XIX, com sua crença na ciência e na técnica, e, por outro, de uma visão antropocêntrica, evolucionista e eurocêntrica da história, que compreendia a sociedade capitalista como estágio superior do desenvolvimento. Em ambas as abordagens, a subjugação da natureza se apresentava como caminho e indicador de melhoria nas condições de vida.

Como sabemos, a influência dessas abordagens dentro do marxismo foi desastrosa, uma vez que impediu a compreensão sobre a destrutividade do capitalismo em relação à natureza e aos povos não capitalistas, e, por momentos, abraçou os discursos de supostos avanços civilizatórios. Referimo-nos, por exemplo, às reflexões do próprio Marx sobre o domínio colonial inglês na Índia, mas também à pesada herança do tecnicismo, evidente no discurso de Lênin: "O comunismo é o poder soviético mais a eletrificação de todo o país"[1].

Michael Löwy identifica em Marx, entretanto, uma dialética do progresso[2]. Ao lado do determinismo econômico e da crença na sociedade capitalista como portadora do desenvolvimento, que por muitos anos foi dominante no campo do marxismo, algumas reflexões menos difundidas do autor já afirmavam a preocupação sobre o progresso econômico e a intrínseca relação entre exploração dos trabalhadores e destruição da natureza. É o caso da seguinte passagem: "E todo progresso da agricultura capitalista é um progresso na arte de saquear não só o trabalhador, mas também o solo, pois cada progresso alcançado no aumento da fertilidade do solo [...] é ao mesmo tempo um progresso no esgotamento das fontes duradouras dessa fertilidade"[3].

Percebe-se em Marx, como aponta John Bellamy Foster[4], uma tensão na análise sobre desenvolvimento capitalista e as relações sociedade-natureza, o que aparece também na crítica à modernidade da Escola de Frankfurt. Contudo, se os crimes das guerras mundiais do século XX abriram portas para a crítica ao progresso e, mais timidamente, para a chave ambiental nas análises marxistas, fora do centro

---

1 V. T. Lenine, *Obras escolhidas* (trad. Instituto Marx-Engels-Lênin, São Paulo, Alfa Omega, 1980), p. 429.

2 Michael Löwy, "A dialética marxista do progresso", em Michael Löwy e Daniel Bensaïd, *Marxismo, modernidade e utopia* (São Paulo, Xamã, 2000).

3 Karl Marx, *O capital: crítica da economia política*, Livro I: *O processo de produção do capital* (trad. Rubens Enderle, São Paulo, Boitempo, 2013), p. 573.

4 John Bellamy Foster, *A ecologia de Marx: materialismo e natureza* (trad. Maria Teresa Machado, Rio de Janeiro, Civilização Brasileira, 2005).

do capitalismo, em sua condição periférica, uma série de intelectuais começou a colocar em xeque a perspectiva eurocêntrica, destacando também as contradições específicas experimentadas por seus povos nas relações históricas sociedade-natureza. E é nesse cenário que surge a ecologia política.

Contribuições da ecologia política para o pensamento de esquerda

A constituição da ecologia política como campo de conhecimento ocorre em paralelo à construção da questão ambiental como assunto de governança global. Inscrita nas discussões derivadas das primeiras convenções da ONU sobre meio ambiente e desenvolvimento, em diálogo com as teorias decoloniais e testemunhando a reprimarização das economias da região e o surgimento de movimentos sociais defensores dos territórios e da natureza, a América Latina foi palco de um encontro entre diferentes aportes disciplinares, gerando uma nova perspectiva epistemológica para entender as relações de poder inscritas nas relações sociedade-natureza.

Sem desconhecer as escolas anglo-saxã e francesa, a construção desse campo na América Latina é produto de um intercâmbio com o mundo ibérico propiciado por figuras como o economista catalão Joan Martínez Alier[5], fundador da Sociedade Internacional de Economia Ecológica (ISEE, na sigla em inglês) e da revista *Ecologia Política*, que acabou batizando os grupos de pesquisadores e ativistas que, de um e outro lado do Atlântico, mergulharam no assunto. A trajetória de figuras como o filósofo mexicano Enrique Leff e do sociólogo argentino Héctor Alimonda e a criação do Grupo de Trabalho de Ecologia Política no Conselho Latino-Americano de Ciências Sociais (Clacso) foram estruturantes[6].

Cabe advertir que, se o centro da problemática estudada é a relação sociedade-natureza, isso não significa uma adesão ao princípio antropocêntrico da modernidade ocidental. Pelo contrário, a ecologia política parte dessa crítica, reconstrói sua historicidade e busca compreender as desigualdades e conflitos dessa relação.

---

[5] Entre outras publicações, ver Joan Martínez Alier, *Da economia ecológica ao ecologismo popular* (trad. Armando de Melo Lisboa, Blumenau, Edifurb, 1998).

[6] De Enrique Leff, ver, entre outras publicações, *Ecologia, capital e cultura: racionalidade ambiental, democracia participativa e desenvolvimento sustentável* (trad. Jorge Esteves da Silva, Blumenau, Edifurb, 2000); de Héctor Alimonda, ver, entre outras publicações, "Una herencia en Manaos: historia ambiental, ecología política y agroecología", *Revista Temas*, Havana, v. 44, 2005, p. 4-12.

Um dos pilares dessa perspectiva epistemológica é o entendimento de que a relação sociedade-natureza afeta diferentes níveis das relações materiais e dos imaginários sociais, com implicações na exploração, uso, distribuição, consumo e concentração dos recursos naturais, mas também na forma pela qual compreendemos o que é conhecimento, ciência, saberes e experiências. A ecologia política parte da centralidade das relações de poder existentes não apenas na relação sociedade-natureza, como também entre grupos sociais. Isto é: o poder de poucos grupos sociais tomarem decisões sobre uso, distribuição, modos de consumo e de apropriação da natureza, o que também implica a apropriação da força de trabalho (transformadora da natureza) de outros grupos sociais; e o poder desses grupos organizarem os processos de exploração, produção e transformação da natureza em detrimento de outras formas e modos de vida.

É nesse sentido que a tradição da ecologia política ibero-americana tem como eixo comum a história ambiental, a qual, acoplada ao estudo do colonialismo, permite compreender as consequências das relações de poder sociedade-natureza na construção e controle dos territórios e recursos naturais, mas também dos universos simbólicos de construção de significados que reforçam ou questionam essas relações de poder. Assim, como insistiu Alimonda, a ecologia política não se refere apenas aos problemas ambientais, mas ao entendimento de que todos os problemas chamados ambientais se referem à dimensão política e que todos os problemas políticos têm dimensões ambientais. O que significa dizer que os pactos constitutivos da atual ordem política também são pactos de apropriação e uso dos territórios onde se situam essas comunidades políticas: local, nacional e globalmente.

Assim, a ecologia política põe em evidência a desigualdade da distribuição de poder sobre a natureza nas diversas escalas, ao mesmo tempo que questiona os discursos economicistas que colocam centralidade no desenvolvimento e na resolução das falhas produtivas/tecnológicas, omitindo a dimensão das relações de poder. Em tempos de neoextrativismo, a ecologia política latino-americana, imbuída da luta de diversos povos do campo, das florestas e dos defensores da natureza, tem mostrado a depredação social, cultural e ambiental do modelo de desenvolvimento capitalista, que atualiza a colonialidade da natureza, dos corpos e dos saberes instaurada há 500 anos. Dessa maneira, embora palavras como custos, externalidades, passivos ou bônus tenham tentado construir uma aura (verde) tingida de objetividade, a ecologia política põe em evidência a violência implícita e explícita, de omissão e silêncios epistemológicos e, como insiste Leff, a existência de diversas linguagens de valoração que se referem a um horizonte de transformação desejado.

Desafios contemporâneos: para pensar e agir

Diferente do que esperava a crítica ambientalista surgida nos anos 1970, não houve redução da destruição da natureza desde então. Pelo contrário, a crise do neoliberalismo produziu novos formatos para essa destruição, naquilo que David Harvey chamou de acumulação por despossessão[7]. Nas últimas décadas, ademais, os capitalistas têm desenvolvido sofisticados instrumentos de apropriação da questão ambiental para alimentar a acumulação. É a transformação da devastação da natureza em novas mercadorias: créditos de carbono, produtos verdes, tecnologias "limpas" de geração de energia, assessorias para mediação de conflitos ambientais.

Ao mesmo tempo, as lutas sociais foram se tornando ambientais, uma vez que essa dimensão adentrou a vida das classes trabalhadoras de forma devastadora. Aos povos originários e tradicionais, camponeses, ribeirinhos, extrativistas e pescadores artesanais – que desde sempre lutaram contra o aniquilamento de suas vidas e modos de vida – se somaram refugiados do aquecimento global, sobreviventes de enchentes e queimadas, contaminados por produtos químicos e complexos industriais, vítimas de desastres. Todos pobres, periféricos, não brancos.

Nesses novos conflitos sociais, uma economia política da devastação ambiental se apresenta, empurrando, mais uma vez, aqueles que vivem na lógica dos valores de usos para uma lógica dos valores de troca. É o que temos acompanhado, por exemplo, nos processos de reparação das vítimas dos desastres da mineração no Brasil: propostas de indenização por valores de mercado subdimensionados; desconsideração dos danos imateriais e existenciais; negação de reparação para centenas de milhares de pessoas. E os atingidos seguem afirmando: não é por dinheiro, é por direitos[8]!

---

7 David Harvey, *O novo imperialismo* (trad. Adail Sobral e Maria Stela Gonçalves, São Paulo, Loyola, 2004).

8 Para mais informações sobre os processos de reparação nos desastres da mineração, ver Flávia Braga Vieira, María Julia Giménez e Francine Damasceno Pinheiro, "No es por dinero, es por derechos: la matriz indemnizatoria como instrumento de participación en la lucha de las comunidades afectadas por los desastres de la minería", *Revista Interdisciplinaria de Estudios Sociales*, n. 25, 2022, p. 47-73.

São novas contradições sobre as quais os lutadores sociais, bem como os pensadores de esquerda, precisam se debruçar. Seguindo a máxima de que "os filósofos apenas interpretaram o mundo de diferentes maneiras; o que importa é transformá-lo"[9], parece claro que as elaborações limitadas do marxismo frente à contradição sociedade-natureza estão sendo superadas e a ecologia política é um dos instrumentos que traz possibilidades de também agir para construir novos horizontes de valoração e um verdadeiro futuro comum.

[9] Karl Marx, "Ad Feuerbach", em Karl Marx e Friederich Engels, *A ideologia alemã: crítica da mais recente filosofia alemã em seus representantes Feuerbach, B. Bauer e Stirner, e do socialismo alemão em seus diferentes profetas* (trad. Rubens Enderle, Nélio Schneider e Luciano Cavini Martorano São Paulo, Boitempo, 2011), p. 533.

A agroecologia nas lutas sociais

expressão de um conflito intermetabólico

JORGE O. ROMANO
PAULO F. PETERSEN

1.

O aprofundamento e a confluência das crises climática, ecológica, econômica, social e alimentar acentuam os riscos de colapso socioecológico gerados na polemicamente denominada "época do Antropoceno". Com o avanço da civilização industrial, a agricultura e a alimentação posicionam-se no centro desses impasses contemporâneos. O setor agroalimentar atua hoje como o maior motor das transformações biofísicas do planeta, incrementando de forma exponencial as interações negativas entre o ser humano e o resto da natureza[1]. A superação estrutural dessa crise multifacetada exige reformulações radicais nos arranjos institucionais que regulam o metabolismo dos sistemas agroalimentares.

A disseminação do padrão metabólico industrial nos sistemas agroalimentares resulta de um projeto político-institucional promovido a partir da segunda metade do século XX com o objetivo de atender às novas exigências de reprodução do capital. Em meados da década de 1990, sob a égide do projeto de globalização neoliberal, esse fenômeno se acelera com a desregulamentação dos mercados agrícolas.

A crescente mobilidade do capital financeiro por meio dos sistemas agroalimentares está relacionada a uma intensificação sem precedentes do consumo e do fluxo global de matéria e energia. Comandada pelo

[1] Johan Rockström et al., "A Roadmap for Rapid Decarbonization", *Science*, v. 355, n. 6331, 2017, p. 1269-71.

e para o capital, essa transformação dos padrões metabólicos dos sistemas agroalimentares dá mostras inequívocas de que vem alcançando seus limites sociais e ecológicos.

Foi nesse contexto histórico que a agroecologia emergiu como uma prática social, uma teoria crítica e um movimento social em defesa de transformações estruturais nos sistemas agroalimentares. Enquanto prática, ela se expressa nas variadas e criativas formas de resistência e luta camponesa, em particular nas estratégias para construção de autonomia e emancipação frente aos mercados capitalistas. Como teoria, é portadora de um questionamento radical à agricultura industrial, fornecendo simultaneamente as bases conceituais e metodológicas para o desenvolvimento de sistemas agroalimentares economicamente eficientes, socialmente justos e ecologicamente sustentáveis. Como movimento, articula demandas diversas, visando mobilizar atores envolvidos prática e teoricamente na sua construção, bem como crescentes contingentes da sociedade que advogam pela justiça social, ambiental e climática, pela saúde coletiva, pela soberania alimentar, pela economia solidária, pela equidade entre gêneros, por visões decoloniais antirracistas, pela cultura popular e por relações mais equilibradas entre o mundo rural e as cidades[2]. Por sua característica articuladora, numa cadeia de equivalências entre distintas pautas da luta social, a agroecologia se conforma como um "significante vazio"[3].

É crescente o reconhecimento acadêmico e institucional da agroecologia. Desde a crise alimentar de 2008, vários órgãos da ONU vêm destacando que o enfoque agroecológico oferece respostas adequadas para o equacionamento combinado das múltiplas facetas da crise sistêmica planetária[4]. Esse reconhecimento avança de par com a rejeição, por parte do movimento agroecológico, dos intentos de restrição da agroecologia a um conjunto de tecnologias destinadas a minorar os impactos ambientais negativos provocados pela agricultura industrial.

---

[2] Paulo F. Petersen, "Agroecology and the Restauration of Organic Metabolisms in Agrifood Systems", em Terry Marsden (org.), *The Sage Handbook of Nature*, v. 3 (Los Angeles, The Sage, 2018), p. 1448-67.

[3] Ernesto Laclau e Chantal Mouffe, *Hegemonía y estrategia socialista: hacia una radicalización de la democracia* (trad. Ernesto Laclau, Buenos Aires, FCE, 2015).

[4] Olivier de Schutter, "Agroecology and the Right to Food", *ONU*, 2011 (Relatório apresentado na 16ª Sessão do Conselho de Direitos Humanos das Nações Unidas); HLPE, "Climate Change and Food Security", Roma, 2012 (Relatório apresentado por High-Level Panel of Experts on Food Security and Nutrition of the Committee on World Food Security).

Por meio de uma crítica de economia política ao enfoque produtivista e antidemocrático dos sistemas agroalimentares globalizados, movimentos sociais rurais reunidos na Via Campesina relacionam a agroecologia diretamente ao conceito de soberania alimentar, ou seja, com o direito dos povos à alimentação saudável e culturalmente apropriada, produzida por métodos ecologicamente sustentáveis e economicamente justos. Ao mesmo tempo, ressaltam o papel do campesinato, em todas as suas formas de expressão e identidades, enquanto sujeito social e agente econômico protagonista da construção da agroecologia.

As disputas em torno do futuro dos sistemas agroalimentares são uma expressão decisiva da luta de classes contemporânea. Pelo reconhecimento do protagonismo do campesinato, a classe incômoda no marxismo ortodoxo[5], essa luta assume formas estruturais específicas na medida em que capital e trabalho articulam-se dialeticamente, formando um todo orgânico com a natureza. Desse ponto de vista, elas podem ser compreendidas como o conflito entre as forças sociais que impulsionam o aprofundamento dos metabolismos industriais na agricultura e na alimentação, estruturalmente dependentes de combustíveis fósseis e de bens naturais finitos, e aquelas que defendem a restauração dos metabolismos orgânicos, com o reacoplamento das agriculturas nas dinâmicas de funcionamento dos ecossistemas e nas culturas alimentares locais.

Nesse conflito intermetabólico, poderosos bloqueios institucionais ao avanço da agroecologia confinam a experiência agroecológica a nichos de inovação social, não ameaçando a hegemonia do regime agroalimentar neoliberal imposta por corporações transnacionais e pelo capitalismo financeiro. Ao esvaziar o sentido social e político das crises globais convergentes, o discurso hegemônico procura atribuir um caráter estritamente técnico às soluções por ele propugnadas, sempre associadas à dinâmica expansiva dos circuitos de acumulação do capital[6].

2.

Falar de hegemonia significa reconhecer que uma ordem social é uma articulação contingente de relações de poder, sendo sempre uma construção "política", não "natural". Ademais, o domínio de uma ordem

[5] Teodor Shanin, *La clase incómoda: sociología política del campesinado en una sociedad en desarrollo – Rusia 1910-1925* (trad. Fernando Andrada Tapia, Madri, Alianza Editorial, 1983).

[6] Paulo F. Petersen, "Agroecology and the Restauration of Organic Metabolisms in Agrifood Systems", cit.

implica a exclusão de outras possibilidades[7]. A ordem hegemônica sustentada pelo discurso do agronegócio procura se apresentar como inexorável, mas pode ser desafiada e transformada na luta política, desde que existam alternativas disponíveis ou em construção no processo de disputa.

Na esteira do projeto imposto pelo dogma neoliberal, a estratégia discursiva do agronegócio procura construir um senso comum centrado na sua positividade. Foi assim que operou importantes passagens discursivas: do "latifúndio" ao "agronegócio"; do "desbravador de fronteiras agrícolas" (em detrimento das florestas) ao "produtor sustentável"; das "*commodities*" aos "alimentos". A apropriação de bandeiras e demandas – enquanto significantes flutuantes – de projetos e discursos antagônicos, como o agroecológico, também faz parte do estratagema discursivo hegemônico: a "sustentabilidade" passa a ser ressignificada na "agricultura de baixo carbono" e na "bioeconomia". Outro exemplo dessa estratégia é o uso recorrente e afetivo do termo "agro". À primeira vista, uma abreviação de "agronegócio". No entanto, o uso desse termo como corruptela revela a intenção de abarcar o máximo possível de sentidos, incluindo as diversas agriculturas e mundos rurais. Ao mesmo tempo, oculta o significante principal, o sufixo "negócio", que atribui ao alimento o caráter de mercadoria. A disseminação das novas retóricas conta com vigorosa e sistemática ação nas redes sociais das principais entidades do "agro", mas também dos chamados "agroinfluenciadores". E ainda tem o apoio da mídia tradicional, cujas campanhas constroem e reforçam o discurso e o poder simbólico do agronegócio no imaginário social.

A desconstrução de narrativas contrárias é outra faceta dessa estratégia discursiva. No intento de desqualificar quaisquer críticas ao agronegócio, seus intelectuais orgânicos referem-se a "agromitos". Alertas quanto aos riscos e danos do uso de transgênicos e agrotóxicos seriam uma "agrofobia", fomentada por artistas e celebridades defensoras de um "esquerdismo verde". Mesmo a fome é apresentada como "agromito", uma vez que seria um fenômeno residual frente à suposta pujança produtiva do "celeiro do mundo", segundo o discurso ufanista hegemônico[8].

---

7 Ernesto Laclau e Chantal Mouffe, *Hegemonía y estrategia socialista: hacia una radicalización de la democracia*, cit.

8 Helena R. Lopes et al., "Agro, um mau negócio", *Le Monde Diplomatique (Brasil)*, ano 14, n. 166, 2021, p. 8-10.

Por meio de verdadeiros malabarismos retóricos, esse discurso busca ocultar as múltiplas contradições entre o agro que se diz *pop* e a realidade de um país com mais da metade de sua população em situação de insegurança alimentar e nutricional; entre o agro que se apresenta sustentável, mas que depende da devastação de ecossistemas em ritmo sem precedentes para dar lugar a monoculturas e pastagens extensivas; entre o agro que se pretende *tech*, mas que lança mão de verdadeiro arsenal (agro)tóxico para contrabalançar os efeitos dos desequilíbrios ecológicos por ele mesmo gerados. Superar esses discursos fantasiosos e triunfalistas é condição para a remoção de estruturas de poder ditas modernas que insistem em reproduzir no século XXI um modelo econômico ancorado na especialização primária que remonta ao período colonial brasileiro.

3.

O risco de colapso socioecológico iminente é uma constatação consolidada na comunidade internacional. No entanto, duas posturas discursivas dominantes seguem bloqueando politicamente as mudanças institucionais necessárias para a imediata transformação no regime metabólico das sociedades contemporâneas. Por um lado, o discurso negacionista operado por setores sociais e governos ideologicamente alinhados com a extrema direita. Por outro, o discurso neoliberal repaginado com novas terminologias associadas à vaga noção de "desenvolvimento sustentável". Nesse caso, um novo discurso para a velha promessa de que as soluções para os novos desafios surgirão da combinação simbiótica entre novas tecnologias e mercados liberalizados.

No caso dos sistemas alimentares, esse discurso sustenta a possibilidade da convivência agonista entre o agronegócio e a agroecologia, dois regimes metabólicos mutuamente excludentes. Na prática, o discurso hegemônico do agro se impõe sobre lideranças e organizações políticas – mesmo do campo progressista – desqualificando a agroecologia como um "agromito" ou a relegando a um simples nicho de mercado.

Diante dos poderosos bloqueios a transformações na esfera institucional, somente a mobilização de uma maioria social que reconheça o papel do campesinato como sujeito central nas lutas sociais contemporâneas será capaz de pesar o conflito intermetabólico em favor da alternativa agroecológica. Isso implica o desafio de fazer chegar a "agroecologia na boca do povo", tal como expresso no lema do XII Congresso Brasileiro de Agroecologia (que será realizado no Rio de

Janeiro, entre os dias 20 e 23 de novembro de 2023). Essa chegada é dupla: na forma da alimentação saudável e adequada, assegurando um direito humano básico; como um enunciado político que, igual a um significante vazio, articula e coloca em sinergia distintas forças sociais[9].

Como um conector de demandas sociais, numa cadeia de equivalências, a agroecologia permite a construção de alianças entre produtores e consumidores contra as instituições públicas que dão sustentação ao regime agroalimentar neoliberal. Ao mesmo tempo, orienta a construção de um regime agroalimentar alternativo, restaurando metabolismos orgânicos por meio de uma economia estruturada sobre relações harmônicas com os ecossistemas e em interações diretas e de mútua confiança entre produtores e consumidores.

[9] Ernesto Laclau e Chantal Mouffe, *Hegemonía y estrategia socialista: hacia una radicalización de la democracia*, cit.

Questão agrária, lutas por terra e a CPI do MST

LEONILDE SERVOLO DE MEDEIROS

A Comissão Parlamentar de Inquérito (CPI) sobre o Movimento dos Trabalhadores Rurais sem Terra (MST) foi instaurada em abril de 2023, início do terceiro mandato de Luiz Inácio Lula da Silva, após algumas ocupações de terras na Bahia e de uma área pertencente à Empresa Brasileira de Pesquisa Agropecuária (Embrapa) no sertão pernambucano. O objetivo alegado foi "investigar quem financia e incentiva esses atos terroristas", conforme o presidente da CPI, tenente-coronel Zucco, do Partido Republicanos do Rio Grande do Sul.

Essa não é a primeira vez que o MST é foco de inquérito no Congresso Nacional. Já em 2003, foi criada uma CPI que, após dois anos de trabalho e muitos embates, resultou em dois relatórios, um elaborado pelo deputado João Alfredo (Psol-CE) e o outro, oficial, pelo deputado Abelardo Lupion (DEM-PR), pai de Pedro Lupion, atual deputado pelo PP-PR e presidente da Frente Parlamentar da Agropecuária, conhecida como Bancada Ruralista. As razões alegadas para sua instalação foram as ocupações de fazendas e de sedes do Instituto Nacional de Colonização e Reforma Agrária (Incra). Em dezembro de 2009, ainda num momento de muitas mobilizações, foi instalada uma Comissão Parlamentar Mista de Inquérito (CPMI), voltada para investigar os repasses de recursos de organizações não governamentais ao MST.

Neste breve texto, a proposta é qualificar o pano de fundo das motivações da CPI, ou seja, o papel do MST nas lutas sociais no Brasil – em especial nas lutas por terra e reforma agrária – e o significado da defesa intransigente da propriedade da terra pelos setores que compõem e apoiam a Bancada Ruralista.

As ocupações de terra marcaram a emergência e estão na base da organização do MST. Iniciadas no sul do país em 1979, atualizando a demanda por reforma agrária e denunciando as desigualdades que historicamente marcam o campo brasileiro, rapidamente se expandiram pelo país, capitaneadas ou não pelo movimento[1]. Constituído formalmente em 1984 e a princípio bastante sulino, o MST rapidamente se nacionalizou num contexto em que a modernização da agricultura, incentivada pela ditadura militar, mostrava seus efeitos: crescente concentração fundiária, expropriação e milhares de trabalhadores sendo levados a abandonar o campo. No caso das monoculturas, diversas fases do processo produtivo passaram a ser mecanizadas, como o controle de pragas, a ser feito por meio de insumos químicos. Não havia mais necessidade de manter um grande contingente de trabalhadores no interior das propriedades[2]. Nos momentos de maior necessidade de mão de obra, em especial na colheita, bastava buscá-los nas periferias das pequenas e médias cidades interioranas para contratos de trabalho de curto prazo, sem qualquer cobertura de direitos trabalhistas. No caso de pequenos proprietários, muitos se enredaram no impulso da modernização e acabaram tendo que vender suas terras para saldar dívidas contraídas e que se tornavam impagáveis com a produção obtida. Outros ainda vendiam suas terras para tentar comprar áreas maiores nas regiões Centro-Oeste e Norte, onde elas eram mais baratas. Muitos acabavam não conseguindo se consolidar, criando o fenômeno social dos retornados que também alimentou o contingente dos sem-terra[3]. Além disso, intensificou-se o processo de expropriação de posseiros e povos indígenas.

---

[1] A respeito, ver, entre outros, Bernardo Mançano Fernandes, *A formação do MST no Brasil* (Petrópolis, Vozes, 2000); Lygia Sigaud, "A forma acampamento: notas a partir da versão pernambucana", *Novos Estudos Cebrap*, São Paulo, n. 58, v. 3, 2000, p. 73-92; Lygia Sigaud, Marcelo Ernandez e Marcelo C. Rosa, *Ocupações e acampamentos: sociogênese das mobilizações por reforma agrária no Brasil* (Garamond, Rio de Janeiro, 2010); Débora Lerrer, *MST: como um movimento de "gaúchos" se enraizou no Nordeste* (Curitiba, Appris, 2021).

[2] Nas propriedades produtoras de cana, café, algodão etc., era comum que os trabalhadores morassem em seu interior e tivessem acesso a um pedaço de terra para plantio de subsistência, num contexto em que não havia um mercado nacional de alimentos formado. Com isso, reduzia-se o custo da força de trabalho.

[3] José Vicente Tavares dos Santos, "Os 'retornados': gaúchos que voltaram da Amazônia", *Travessia – Revista do Imigrante*, São Paulo, v. 7, n. 19, 1994, p. 26-9.

No contexto das lutas por redemocratização, as ocupações marcaram a retomada da demanda por reforma agrária, presente, embora reprimida, ao longo da ditadura empresarial-militar[4]. A promessa do governo Sarney, quando foi lançado o I Plano Nacional de Reforma Agrária (PNRA) em 1985, pouco caminhou.

Em 1988, o tema da função social da propriedade, que já constava no Estatuto da Terra, aprovado no início do regime militar, foi constitucionalizado. Ele envolvia o cumprimento *simultâneo* de quatro quesitos: aproveitamento racional e adequado; utilização adequada dos recursos naturais disponíveis e preservação do meio ambiente; observância das disposições que regulam as relações de trabalho; exploração que favoreça o bem-estar dos proprietários e dos trabalhadores (art. 186 da CF/88). Limitava-se o direito de propriedade e estabeleciam-se condições para a desapropriação no caso do não cumprimento da função social. No entanto, a articulação dos interesses relacionados à propriedade conseguiu introduzir na Constituição um artigo que impedia a desapropriação das terras produtivas (art. 185 da CF/88) e, portanto, a produtividade se tornou o centro dos debates nas disputas por terra. O significado pleno da função social foi deixado de lado e, não por acaso, o próprio MST acabou por justificar suas ocupações pela não produtividade das terras nas quais realizam suas ações.

As ocupações intensificaram-se como forma de pressionar o Estado e, já nos governos FHC (1995-2002), levaram a um significativo número de desapropriações e assentamentos, embora não necessariamente nas áreas demandadas pelos movimentos. No final da década de 1990, ocupações de terra, de sedes do Incra, manifestações em rodovias etc. passaram a ser a marca das Jornadas Nacionais de Lutas em Defesa da Reforma Agrária (Abril Vermelho), que se repetem desde 1997 e rememoram o Massacre de Eldorado de Carajás, ocorrido em 17 de abril de 1996, data em que foram assassinados, pela polícia do estado do Pará, dezenove trabalhadores sem-terra. Desde então, a data ganhou forte simbolismo e foi instituída pelo governo FHC como Dia Nacional de Luta pela Reforma Agrária e pela Via Campesina como o Dia Internacional da Luta Camponesa.

Dificuldades políticas se impuseram também nos mandatos de Luiz Inácio Lula da Silva. Chama a atenção o fato de que, nesse primeiro

[4] O tema aparece nos Anais do II Congresso da Contag (1973) e no III (1979). Também esteve na origem da Comissão Pastoral da Terra (1975) e no documento "Igreja e Problemas da Terra", aprovado na 18° Assembleia da CNBB, realizada em Itaici, 14 fev. 1980. Disponível on-line.

governo, embora comprometido com as demandas dos movimentos sociais, sequer foi revogada a Medida Provisória (MP) do governo anterior, transformada em lei, que impedia a desapropriação de terras ocupadas. Da mesma forma, não foi adiante a proposta de Portaria Interministerial que atualizaria os índices de produtividade, trazendo maior agilidade nas desapropriações[5]. A partir do segundo governo Lula, o ritmo das desapropriações cai significativamente e, em consequência, as ocupações também, uma vez que os acampamentos só conseguem se manter quando há perspectivas de obtenção de terras.

No governo Temer, foi destruída boa parte da institucionalidade criada nos anos anteriores para tratar não só da questão da reforma agrária propriamente dita, como também da agricultura familiar. Foi extinto o Ministério do Desenvolvimento Agrário (MDA), e programas a ele ligados ou desapareceram ou foram transferidos para outros espaços (Casa Civil, Ministério da Agricultura), onde perderam a força.

É importante apontar que, ao longo das últimas três décadas, o agronegócio se fortaleceu, expandindo-se pelas regiões Centro-Oeste, parte da Amazônia e pelo chamado Matopiba (Maranhão, Tocantins, Piauí e Bahia). A exportação de grãos tornou-se um dos sustentáculos da economia brasileira, o que fortaleceu o poder político da propriedade da terra e dos atores do agronegócio, que nunca deixaram de controlar o Ministério da Agricultura em diferentes governos nem deixaram de ter força política no Congresso Nacional. Mais que isso, conseguiram construir uma nova imagem junto à sociedade como setor altamente produtivo e essencial à economia da nação.

Num contexto de volta do Partido dos Trabalhadores ao Executivo, a instalação da CPI do MST aparece como uma ameaça às ocupações de terra. Num cenário marcado por ameaças golpistas e com um Congresso sobre o qual a Bancada Ruralista tem amplo controle, o próprio presidente da República ressalta que é necessário "fortalecer as pequenas e médias *propriedades, o agronegócio e a reforma agrária*" e que "*não é mais necessário invadir terras*"[6], usando o termo preferido pela imprensa e pelos ruralistas, em oposição ao termo ocupação,

---

[5] Em relação à crescente modernização da agropecuária, os índices de produtividade, elaborados com base no Censo de 1975, estavam defasados e os processos de desapropriação passavam por infindáveis batalhas judiciais que, em inúmeros casos, culminavam na não desapropriação das terras ocupadas.

[6] Mariana Costa, "Lula promete reforma agrária e diz que MST 'não precisa mais invadir terra'", *Metrópoles*, 13 jun. 2023. Disponível on-line.

relacionado pelos movimentos ao direito de pressionar as autoridades para impulsionar a reforma agrária. Passados sete meses de governo, um novo PNRA ainda permanece uma promessa, embora as nomeações para as regionais do Incra, encarregadas de acompanhar as questões fundiárias, tenham contemplado demandas do MST.

Nessa disputa, as ocupações continuam a ser a face pública da denúncia sobre o alto grau de concentração fundiária, mas o MST também tem buscado se fortalecer, nas disputas na sociedade, com a defesa da soberania alimentar, da alimentação saudável, da produção em bases agroecológicas. Trata-se de mostrar não só a eficácia produtiva, mas também ambiental da produção nos assentamentos, em contraposição ao que é produzido pelo agronegócio, marcado pelo uso de altas doses de agrotóxicos, de sementes transgênicas etc.

A partir disso, à luta pelas desapropriações se somam a crítica ao marco temporal para demarcação de terras indígenas; a demanda pelo reconhecimento dos territórios ocupados pelas populações tradicionais (quilombolas, pescadores artesanais e outros); a denúncia da continuidade da violência no campo; a importância da crise climática, mostrando a complexidade e as muitas faces da questão agrária nos dias atuais. Cada vez mais o debate mostra a importância de ultrapassar os índices de produção e produtividade e considerar questões mais amplas.

As galinhas sob a guarda das raposas

a captura corporativa da governança agroalimentar global

IGOR PALMA BARBOSA
THIAGO LIMA

Vivemos em um mundo no qual apenas 42,2% da população mundial tem condições de custear uma alimentação saudável. São mais de 3 bilhões que vivem em graus variados de insegurança alimentar e nutricional, num planeta capaz de produzir comida para todas as pessoas. Várias forças, no entanto, bloqueiam os caminhos que poderiam superar o flagelo da fome. Uma delas é o fortalecimento da crença nos mercados para se autorregularem e promoverem desenvolvimento. Uma expressão contemporânea dessa crença é o princípio do multissetorialismo, que tem aberto as portas do neoliberalismo em diversas esferas de governança internacional, incluindo a alimentar.

Na verdade, a história do sistema de governança agroalimentar do século XX é descrita por Nora McKeon como um processo de transferência da responsabilidade pública dos Estados para os mercados e as corporações[1]. O fortalecimento desses atores se deve em muito à sua capacidade de interferir na construção e execução de agendas nacionais e internacionais. Além disso, a lógica produtivista e mercadológica que esteve associada aos prognósticos para o combate da insegurança alimentar desde o pós-Segunda Guerra pavimentou o caminho para a institucionalização de uma estrutura pouco flexível à adição de agendas alternativas, como aquelas do direito humano à alimentação adequada e da soberania alimentar. Não que inexistam

---

1 Nora McKeon, "Global Food Governance", *Development*, v. 64, n. 3-4, 2021, p. 172-80.

dispositivos jurídicos e políticas públicas nacionais e internacionais que recorram àquelas agendas. Mas os interesses econômicos das potências capitalistas vencedoras do grande conflito impediram que regulações mais fortes sobre o comércio de *commodities* agrícolas pudessem ser desenvolvidas para diminuir o impacto das flutuações do mercado e para garantir o acesso ao alimento. Ao mesmo tempo, a cooperação internacional para o desenvolvimento de robustos sistemas alimentares nos países periféricos sempre foi raquítica, para dizer o mínimo.

Criada em 1945, sob o protagonismo dos Estados Unidos, a Organização das Nações Unidas para Alimentação e Agricultura (FAO, na sigla em inglês) representou o primeiro passo para o desenvolvimento do sistema de governança agroalimentar. Entre seus objetivos estavam melhorar o padrão de nutrição das populações, aumentar a produção e distribuição de alimentos e erradicar a fome. Josué de Castro, o patrono brasileiro do combate à fome, acreditava firmemente no potencial dessa estrutura para equacionar o problema da alimentação, mas morreu desiludido com a falta de interesse das grandes potências em torná-la efetiva[2].

A FAO inaugurou o que se convencionou chamar de "Regime Internacional para a Segurança Alimentar", que contou com a instauração posterior de diversas outras organizações dentro do sistema ONU, como o Programa Mundial de Alimentos (PMA) e o Fundo Internacional de Desenvolvimento Agrícola (Fida). Utilizar os instrumentos do Estado para garantir a existência física de alimentos e a sua disponibilidade nos mercados – o que não deve ser confundido com garantir o direito à alimentação – passou a ser o principal objetivo defendido por esses atores internacionais[3].

Com o declínio do prestígio das políticas keynesianas, a década de 1970 apresentou vários pontos de ruptura para a agenda econômica e agroalimentar. O processo de reorientação política que se inicia nesse período com o neoliberalismo passa a entender a esfera pública como um domínio de estratégias e instrumentos em que diferentes forças e grupos corporativos tornam seus programas operáveis. Entre as funções da governança global estão a resolução de problemas e formação de consensos por meio da facilitação de processos e simplificação

---

[2] Marina Gusmão de Mendonça, *O combatente da fome: Josué de Castro (1930-1973)* (Bauru, Canal 6, 2021).

[3] Matias E. Margulis, "The Forgotten History of Food Security on Multilateral Trade Negotiations", *World Trade Review*, v. 16, n. 1, 2017, p. 25-57.

de transações: diretrizes devem substituir leis, regulações devem ser trocadas por padrões e códigos de conduta. Há também a individualização das responsabilidades em detrimento das instituições que representam coletividades, movimento que faz parte da "economização" dos domínios e normas de condutas a partir das melhores práticas e métricas de *benchmarking* que o neoliberalismo pode oportunizar[4].

Na seara alimentar, a crise do trigo serviu ao novo embaralhamento do jogo de poder entre Estados e corporações. Devido aos avanços tecnológicos na produção, a primeira grave crise do petróleo, responsável pelo exponencial aumento nos preços dos barris em 1973, afetou em muito a produção e a capacidade de reposição do produto nos mercados. Como consequência da alta demanda internacional e dos maiores custos exigidos para sustentar seus cultivos dependentes de insumos derivados do petróleo, como fertilizantes, restrições à exportação do trigo foram implementadas ao mesmo tempo que uma grande subida de seu preço foi responsável por colapsar os mercados de alimentos. A solução encontrada pelos países desenvolvidos na Conferência Mundial sobre Alimentação, convocada pela ONU em 1974, foi expandir os modelos agrícolas da periferia via replicação das Revoluções Verdes – dependentes de insumos de petróleo. Além disso, um órgão intergovernamental para revisar políticas de segurança alimentar também foi criado como resultado dessa conferência. O Comitê de Segurança Alimentar Mundial (CSA) passa a ser responsável por gerir a participação dos múltiplos *inputs* na agenda agroalimentar dentro do sistema ONU, tornando-se objeto de importantes contestações nos anos subsequentes[5].

Como consequência do novo prognóstico, o fortalecimento do papel das corporações se acentua nesse mesmo período como resultado da expansão do comércio agrícola das décadas anteriores e das técnicas industriais de produção. Esses atores se diversificaram em múltiplas facetas do setor agroalimentar, atuando em áreas como o comércio de *commodities*, processamento e varejo de alimentos, além de produção de sementes e produtos químicos agrícolas. Com a

---

4 Stephen Gill, "Globalization, Market Civilization and Disciplinary Neo-Liberalism", em *Power and Resistance in the New World Order* (2 ed., Nova York, Palgrave Macmillan, 2008); Wendy Brown, "Political Rationality and Governance", em *Undoing the Demos: Neoliberalism's Stealth Revolution* (Nova York, Zone Books, 2015).

5 Philip McMichael, "A food regime genealogy", *The Journal of Peasant Studies*, v. 36, n. 1, 2009, p. 139-69.

expansão das Revoluções Verdes, a ampliação de suas operações nas cadeias de produção agroalimentar vem crescendo, de modo que o papel do poder corporativo na integração do sistema alimentar passou a ser inquestionável[6].

A concentração de poder nas mãos desses atores tem trazido impactos severos para a capacidade de participação de pequenos agricultores e movimentos sociais na formulação e execução de agendas. Fusões e aquisições de grandes empresas representam incursões bastante frequentes no setor agroalimentar dos últimos anos. A compra da Monsanto pela Bayer constitui apenas um dos inúmeros casos. No setor de insumos agrícolas, por exemplo, quatro firmas são responsáveis por 60% do mercado mundial de sementes e 70% do mercado de agroquímicos. Os efeitos dessa concentração resultam em um excesso de poder nas mãos corporativas, o que as permite avançar seus próprios interesses em canais oficiais e extraoficiais de governança, trazendo altos custos sociais e ambientais. Essas empresas são capazes de controlar quais técnicas de produção serão disseminadas, as direções em que o desenvolvimento científico e tecnológico deve trilhar via financiamento, os produtos alimentares que comporão as prateleiras dos mercados, suas condições de trabalho e produção, bem como a modelação de normas e regras a serem negociadas em Estados e organizações internacionais[7].

Assim como a crise do trigo foi responsável por proporcionar a criação do Fida e do CSA, a múltipla crise de 2008 foi responsável por tornar mais urgente a necessidade de reforma do Comitê. Movidos pela constatação de que ele não teria sido bem-sucedido em cumprir seus objetivos, sua reforma se concretizou em 2009, a fim de garantir maior participação de movimentos sociais e da sociedade civil no desenvolvimento de prognósticos para políticas de segurança alimentar. O movimento pela soberania alimentar teve importante protagonismo nesse processo que parecia um sopro de otimismo para o avanço de agendas alimentares alternativas ao mercado[8].

Entre os objetivos do CSA reformado estavam: garantir que as vozes de todos os atores relevantes – especialmente os mais afetados pela

[6] Jennifer Clapp e Doris Fuchs, "Corporate Power and Global Agrifood Governance: Lessons Learned", em *Corporate Power in Global Agrifood Governance* (Londres, The MIT Press, 2009).

[7] Jennifer Clapp, Indra Noyes e Zachary Grant, "The Food Systems Summit's Failure to Address Corporate Power", *Development*, v. 64, 2021, p. 192-8.

[8] Nora McKeon, "Global Food Governance", cit.

fome e desnutrição – fossem ouvidas nos debates sobre políticas de alimentação e agricultura; fortalecer a coordenação internacional e os vínculos entre os níveis local, nacional e regional; e criar um Painel de Especialistas de Alto Nível (HLPE, na sigla em inglês) para que as decisões e o trabalho do CSA sejam baseados em evidências concretas e em conhecimento de última geração. Entre suas principais funções estavam: fornecer uma plataforma para convergência e coordenação de políticas; facilitar apoio e aconselhamento a países e regiões; e promover a responsabilidade e o compartilhamento das melhores práticas em todos os níveis. Uma outra inovação apresentada era que, apesar de a decisão final estar nas mãos dos Estados, organizações não governamentais, movimentos sociais e membros da sociedade também estariam agora aptos a participar das discussões e negociações[9].

Apesar desse processo de abertura dos canais oficiais, a participação de atores não estatais e a diversificação das agendas promovidas pelo sistema ONU, especialmente a partir do final dos anos 1990, representantes do setor corporativo transnacional também estiveram interessados em participar dessa ação. O exercício de pressão passa então a ser duplo. Os setores corporativos e filantrópicos buscam conferir legitimidade às suas políticas ao firmar parcerias com a ONU, ao mesmo tempo que esta última encontrava neles novos recursos financeiros para executar seus projetos.

A proposta de governança apresentada por esses setores é formalmente conhecida como "*multistakeholderism*", ou "multissetorialismo". Ela contém uma narrativa sutil que visa impedir uma avaliação crítica sobre os verdadeiros responsáveis pelos problemas globais e trata de colocar todos os atores no mesmo patamar de "culpa". Além disso, defende a constante participação do setor empresarial em todas as esferas de negociação devido ao seu potencial para encontrar soluções sustentáveis e eficazes[10]. Gleckman[11] entende o multissetorialismo como um arranjo organizacional e institucional baseado em uma alocação diferente de poder e da concepção de democracia. No multilateralismo, os governos representam seus cidadãos, tomam as decisões

[9] Shalmali Guttal, "Re-imagining the UN Committee on World Food Security", *Development*, v. 64, n. 3-4, 2021, p. 227-35.

[10] Food Systems 4 People, Multistakeholderism and the Corporate Capture of Global Food Governance – What is at Risk in 2023, abr. 2023. Relatório disponível on-line.

[11] Harris Gleckman, *Multistakeholder Governance and Democracy: a Global a Global Challenge* (Nova York, Routledge, 2018).

finais e direcionam as organizações internacionais para implementá-las. No multissetorialismo, os *stakeholders* tomam esse papel para si. A tomada de decisões e sua implementação se deslocam no nível intergovernamental. Além disso, esses grupos não têm a obrigação de relatar e descrever suas atividades na comunidade dos Estados e sua lógica funcional se pauta nos critérios de eficiência e boas práticas provenientes da racionalidade política do neoliberalismo.

Um dos problemas trazidos por essa nova forma de governança consiste na confusão para demarcar interesses gerais dos Estados, atores da sociedade civil e da classe empresarial. A falsa universalização discursiva apresenta como um de seus efeitos a reprodução de uma trajetória única para problemas multifacetados. Um exemplo notório disso foi o resultado da Cúpula dos Sistemas Alimentares (FSS, na sigla em inglês) da ONU de 2021, na qual ficou evidente a capacidade de empresas agroalimentares multinacionais influenciarem na tomada de decisões e dominar os processos de negociação aparentemente inclusivos dos *stakeholders*. Em primeiro lugar, a Cúpula foi "estrategicamente silenciosa" sobre a contribuição negativa do poder corporativo, mencionando o problema apenas muito raramente e de uma forma que falhou em identificar as corporações como detentoras de poder desproporcional nos sistemas alimentares. Em segundo lugar, avançou em tecnologia e soluções baseadas em inovação que beneficiam grandes empresas agroalimentares, em vez de buscar a transformação estrutural dos sistemas alimentares. Em terceiro lugar, deu às corporações um assento prioritário na mesa, envolvendo-as em vários cenários preparatórios da Cúpula[12].

Em último relatório publicado pelo Painel Internacional de Especialistas em Sistemas Alimentares Sustentáveis (IPES-Food)[13], uma série de recomendações é elencada para contrabalancear a crescente influência corporativa nos sistemas alimentares. Em primeiro lugar, destaca a necessidade de regulamentação e promoção de uma governança mais forte. Isso inclui a implementação de políticas que limitem o poder das corporações, promovendo a diversificação agrícola, fortalecendo a agricultura familiar e incentivando a produção de alimentos sustentáveis. Também são necessárias medidas para

[12] Jennifer Clapp, Indra Noyes e Zachary Grant, "The Food Systems Summit's Failure to Address Corporate Power", cit.

[13] IPES-Food, *Who's Tipping the Scales? The growing influence of corporations on the governance of food systems, and how to counter it*, fev. 2023.

aumentar a transparência e a responsabilização das corporações, exigindo a divulgação de informações sobre suas práticas e seus impactos. Além disso, enfatiza a importância de estratégias alternativas que fortaleçam a participação e o poder das comunidades locais e dos consumidores. Isso inclui a promoção de sistemas alimentares baseados em abordagens agroecológicas, que valorizem a diversidade de culturas e práticas sustentáveis. Também são destacadas ações para aumentar a conscientização e a educação dos consumidores sobre a influência das corporações e os impactos de suas escolhas alimentares.

Essas propostas, longe de comporem uma receita infalível para a superação da fome, das doenças associadas à má nutrição e aos efeitos catastróficos que o atual padrão agroalimentar impele ao clima do planeta, são exemplos de que há inteligência alternativa para a condução da governança alimentar global. E, de fato, precisamos de uma governança que não seja calcada no neoliberalismo, mas sim na perspectiva dos direitos: à alimentação, ao meio ambiente e à inclusão social.

O curto verão dos Fiagros?

os fundos de investimentos do agronegócio e a hipoteca do futuro

CASSIO ARRUDA BOECHAT

Há um burburinho em torno dos Fundos de Investimentos das Cadeias Agropecuárias, os Fiagros. Lançados a partir de 2021, eles têm tido uma rápida captação de investidores, capitalizando títulos de direitos creditórios, de participações em empresas e de direitos imobiliários relacionados ao agronegócio. Em meio à propaganda martelada nas mídias de que o "agro é tudo", aliada a um cenário de alta de juros para conter a inflação, e com tais Fundos geralmente atrelados ao CDI e pagando dividendos que chegam a ultrapassar 1,5% ao mês, um "agro" cada vez mais entrelaçado ao capital fictício vai se tornando "pop" entre investidores, não apenas institucionais, e assim gradativamente mais pulverizados, que buscam adquirir uma parcela de cotas de Fiagros para diversificar suas carteiras de investimentos. Rendimentos tão vantajosos tendem a ser, porém, indícios de riscos elevados. No entanto, não são apenas os investidores que assumem um risco precificado. Há algo mais amplo e mais profundamente crítico na atual reprodução fictícia do capital e nas suas particularidades rurais e brasileiras.

Fiagros na mobilidade do capital fictício que move o agronegócio

Atualmente, existem 34 fundos listados na Bolsa de São Paulo (B3), sendo 29 realmente ativos, agregando em cerca de um ano e meio um patrimônio líquido de quase 13 bilhões de reais adquiridos por 655 mil cotistas. Cerca de 90% deles são investidores "comuns", que podem adquirir cotas cujo preço varia em torno de 10 até cerca de 100 reais, nos canais de bancos "normais", como o Banco do Brasil (administrador do Fiagro BBGO11) e o Itaú (do RURA11 e do KNCA11), ou em outros bancos e financeiras: o BTG Pactual, por exemplo, administra cinco Fiagros; a XP Investimentos, outros cinco.

A maior parte das carteiras de Fiagros é composta por direitos creditórios, com destaque para os Créditos de Recebíveis do Agronegócio (CRAs), que representam créditos (o que quer dizer, dívidas contraídas) tomados por fazendas, usinas, cooperativas, distribuidoras de insumos e outras firmas do agronegócio para tocar suas atividades diversas. Há também um incipiente desdobramento de Fiagros que têm a terra como principal ativo de suas carteiras, desdobrando um processo de *financeirização do mercado de terras* por meio de modalidades de compra das terras e arrendamento, às vezes para o próprio antigo dono ou empresa, sempre visando sua revenda por um preço maior do que o inicialmente gasto.

Embora possa haver uma percepção de que a compra de cotas de Fiagros represente a aquisição de parcelas de ações dessas firmas do agronegócio, na verdade há a compra de parcelas das dívidas dessas empresas, seja com capital de custeio, seja com o próprio capital fixado em terras, interpondo-se um circuito de endividamento privado financeiro novo nessas cadeias produtivas. Não se trata de um investimento direta e exatamente em *commodities*, mas nas dívidas necessárias para a sua produção, representando, portanto, diante das flutuações do mercado, das incertezas climáticas, econômicas e jurídicas, uma arriscada gestão das dívidas acumuladas. Há, com isso, uma precificação das expectativas de rendimentos futuros que são negociados com investidores que passam a partilhar, no presente, a propriedade desses rendimentos atrelados às produções agropecuárias futuras de *commodities*. Desse modo, essa *hipoteca da promessa de valorização* desdobra um mercado de ativos financeiros, dentre eles a própria terra, que antecipam a produção de mercadorias e os processos de trabalho, movendo uma expansão endividada do agronegócio. Ou sua mera reiteração crítica.

Qual futuro está sendo hipotecado?

Na breve história de menos de dois anos de existência desses fundos, um levantamento que fizemos de notícias, relatórios gerenciais e informes de fatos relevantes sobre os problemas relacionados aos tomadores de recursos ofertados pelos Fiagros mostra *trinta e uma ocorrências concretas*. Os problemas abarcam desde casos mais "leves" de atrasos de pagamentos, inadimplências mais duradouras, suspensão de atividades produtivas e atrasos na entrega de obras até outros efetivamente mais graves e violentos de denúncias de invasão de terras indígenas, infrações ambientais e ocorrências de trabalho análogo à escravidão.

Uma reportagem recente[1] expôs o KNCA11, o maior Fiagro hoje em dia, com patrimônio líquido (PL) de 1,6 bilhão de reais, da Kinea Investimentos. O Fundo possui três CRAs para financiar as operações da Usina Rio Amambai, em Naviraí (MS), autuada pelo Ibama em uma série de infrações ambientais que levaram à assinatura de um Termo de Ajustamento de Conduta (TAC). O mesmo ocorreu com a Usina Itamarati (Uisa), de Nova Olímpia (MT), para quem o Fundo emitiu outros dois CRAs no valor total de 176,2 milhões de reais, 11% do seu PL.

Por sua vez, o KNCA11 dispõe de um CRA junto à Schio Agropecuária – que teve um fornecedor pego em denúncia pela prática de trabalho análogo à escravidão – no valor de 101,3 milhões de reais, correspondendo a 6,22% do seu patrimônio. Além disso, fornecedores da Frigol, de quem o fundo possui um CRA de 62,3 milhões de reais (4% do PL), foram pegos criando gado ilegalmente na reserva indígena Apyterewa, em São Félix do Xingu (PA), como mostrou a agência *Repórter Brasil*[2]. Assim, os ativos "problemáticos" que respondem por graves denúncias socioambientais, que compõem a carteira desse que é o maior Fiagro existente, falam por um montante nada desprezível de 358,9 milhões de reais e 33,56% do seu patrimônio.

Porém, os mesmos grupos envolvidos nessas denúncias não foram "financiados" apenas pela KNCA11. A Uisa tem um outro CRA que está entre os ativos do GCRA11, o Fiagro da Galápagos, e outro ainda com a Capitania, que também tem em seu Fiagro CPTR11 um CRA da Usina Rio Amambai e outro da Frigol. O terceiro maior Fiagro RZAG11, com patrimônio de 646 milhões de reais, gestado pela Riza Asset Management, também tem um CRA ligado à Schio Agropecuária, que em nota se prontificou a desligar o produtor rural envolvido nas denúncias do Ministério Público do Trabalho (MPT).

As graves denúncias em questão, envolvendo problemas ambientais, trabalhistas e territoriais, não parecem ter sido a causa de qualquer variação significativa na cotação dos preços dos referidos Fiagros, que quando muito se manifestaram em nota para se desresponsabilizar dos

1 João Peres, "Fundos do agro fazem Faria Lima investir em escravidão, desmatamento e grilagem", *Intercept Brasil*, 20 jul. 2023. Disponível on-line.

2 Gil Alessi, "Gado criado ilegalmente em terra indígena no Pará abastece JBS e Frigol", *Repórter Brasil*, 15 set. 2022. Disponível on-line.

ocorridos e transferir a culpa para "terceiros". Por sua vez, problemas econômicos que poderíamos considerar como menos graves, posto que não relacionados exatamente a infrações e violências explícitas contra o meio ambiente e pessoas, parecem causar um rebuliço muito maior no "sensível" mundo da Faria Lima.

Por exemplo, no interior da Bahia, a família Paranhos Ferreira levantou quase 85 milhões de reais em CRIs negociados com cinco Fiagros diferentes para construir uma usina de açúcar e álcool, a Serpasa. Um atraso na obtenção de licenças da Agência Nacional do Petróleo (ANP) reteve a implantação da usina, obrigando a família a vender uma propriedade para recompor o Fundo de Reserva que havia sido utilizado para pagar os dividendos dos cotistas. Com isso, o BTAL11, do BTG Pactual, sofreu uma significativa desvalorização, com sua cotação caindo de 95,30 reais, em 16 de janeiro, para 81,29 reais, em 29 de março. Com a retomada temporária dos pagamentos, a cotação se recuperou, chegando a 97,45 de reais, em 19 de junho de 2023.

Dois Fiagros da XP Investimentos – XPAG11 e XPCA11 – também sofreram quedas abruptas nas suas cotações com o pedido de recuperação judicial da Usina Ester, de Cosmópolis (SP)[3]. Alguns meses depois de ganhar o prêmio MasterCana Brasil 2022, de gestão, a usina revelou os limites da sua empreitada, com um endividamento acumulado de 651,7 milhões de reais, comprometendo o pagamento mensal dos CRAs dos Fiagros[4].

No entanto, não é só no setor sucroenergético que os problemas acontecem; as dívidas se multiplicam também nos setores de laticínios, na pecuária de corte e nas produções de soja, de milho etc. e parecem se agravar com a queda recente nos preços internacionais das *commodities.*

Ao mesmo tempo que a sócia gestora da JGP dos Fiagros JGPX11 e JGPT11, Julia Bretz, alertava recentemente para um cenário de queda dos preços de *commodities* e aumento de custos, derrubando a lucratividade dos tomadores de Fiagros[5], notícias seguem indicando o investimento

---

[3] Andréia Vital, "Usina Ester Agroindustrial pede recuperação judicial", *JornalCana*, 11 maio 2023. Disponível on-line.

[4] Luiz Henrique Mendes, "Usina Ester faz acordo com detentores de CRAs", *TheAgriBiz*, 6 jul. 2023. Disponível on-line.

[5] Idem, "JGP alerta para sinal amarelo na indústria de Fiagros", *TheAgriBiz*, 30 jul. 2023. Disponível on-line.

em Fiagros como pagando "altíssimos e atrativos rendimentos" para os investidores[6]. A precificação dos riscos reitera, assim, um movimento que não parece vincular a própria "inflação de ativos" com uma modificação mais estruturalmente crítica que está em curso[7]. Entretanto, as novas formas de rolagem de dívidas do agronegócio por meio do capital fictício pressionam para a continuidade de processos de expansão territorial, muitos deles levando a graves infrações ambientais e violências contra trabalhadores e contra povos indígenas e tradicionais, na busca pelo aumento da produção e da produtividade, como meios de pagamento das parcelas que se antecipam e exigem remuneração.

A financeirização da agricultura e da terra na crise do capital

Foi no período de recessão relativa pós-crise de 2008 que se deu uma "corrida mundial" por terras, com interesse crescente na terra como "ativo financeiro", movendo processos de alta de seus preços a pautar o acirramento de violências no campo e destruição ambiental. Relatório da S&P Global Commodity Insights, de julho de 2023, mostra que o preço médio da terra no Brasil saltou de cerca de 10 mil reais, em 2013, para 25.429 reais por hectare[8], o que também observamos em pesquisas realizadas na fronteira agrícola do Matopiba (acrônimo para Maranhão, Tocantins, Piauí e Bahia)[9]. Assim, a crise de uma expressão da *produção fictícia do espaço*, em 2008, parece levar a outra.

As dificuldades, no entanto, também já atingem os casos dos Fiagros que compram propriedades fundiárias para depois arrendá-las antes de uma venda futura, nas chamadas operações de *land equity, buy to lease* e *sale-and-leaseback*. Em setembro de 2022, por exemplo, o fundo da BTG Pactual especializado em terras agrícolas, o BTRA11, liderou as perdas na B3, com a suspensão de uma recuperação de posse da fazenda Vianmancel, em Nova Maringá (MT), especializada

---

[6] Katherine Rivas, "Fiagros oferecem dividendos de até 2,58% em julho; confira o ranking dos maiores pagadores", *InfoMoney*, 27 jul. 2023. Disponível on-line.

[7] Luciano Coutinho e Luiz Gonzaga Belluzzo, "'Financeirização' da riqueza, inflação de ativos e decisões de gasto em economias abertas", *Economia e Sociedade*, Campinas, n. 11, dez. 1998, p.137-50.

[8] Nayara Figueiredo, "Como deve ser o próximo ciclo de preços das terras agrícolas no país", *Globo Rural*, 31 jul. 2023. Disponível on-line.

[9] Cássio Arruda Boechat, Fábio Teixeira Pitta e Carlos de Almeida Toledo, "'Pioneiros' do Matopiba: a corrida por terras e a corrida por teses sobre a fronteira agrícola", *Revista Nera*, v. 22, n. 47, 2019, p.87-122.

na produção de grãos. O fundo tentava retirar o arrendatário Milton Cella, que por acaso era o antigo proprietário da fazenda, vendida em 2021 por 81 milhões de reais, 23% do patrimônio do BTRA11, e que em menos de um ano após a venda entrou com pedido de recuperação judicial, obrigando uma redução dos pagamentos de rendimentos para os cotistas[10].

O mesmo BTRA11 adquiriu por 80 milhões de reais a Fazenda Três Irmãos, negociando em outubro de 2021 um pagamento semestral pelo arrendamento das terras para os antigos donos, que, desde abril de 2023, suspenderam o pagamento das parcelas, forçando uma renegociação dos termos do contrato. Segundo os Bergamasco, o custo da operação, de 70 a 90 sacas de soja por hectare, é "impagável para a realidade do Mato Grosso"[11].

Ainda assim, as promessas vão sendo renovadas[12], mesmo que a inflação de ativos financeiros dos Fiagros vá se revelando muitas vezes insuficiente (e mesmo um peso novo) para a manutenção continuada da operação de diversos capitais atrelados ao agronegócio que, na crise, precisam rapidamente se haver com as novas formas de cobranças que se interpõem, acirrando a concorrência e promovendo novas centralizações de capitais. A *violência econômica* do capital fictício vai se revelando, enquanto se esforça para esconder e ignorar suas facetas reiteradas de *violências extraeconômicas*.

[10] Wellington Carvalho, "FII cai quase 9% após reportar inadimplência de locatário e redução de dividendos", *InfoMoney*, 25 jul. 2023. Disponível on-line.

[11] Pasquale Augusto, "Grupo Bergamasco X BTRA11: entenda o impasse que levou à queda do fundo imobiliário; fim dos Fiagros?", *MoneyTimes*, 27 jul. 2023. Disponível on-line.

[12] Gustavo Bianch, "Gestor de Fiagro vê valorização de terras e aposta em investimento direto em propriedades", *Suno Notícias*, 9 mar. 2023. Disponível on-line.

Pagu, militante do ideal

MARIA LYGIA QUARTIM DE MORAES e *MARTA NEHRING*

Patrícia Galvão (1910-1962), a Pagu, pertence à vanguarda, se por esse termo entendermos aquela que está à frente de seu tempo, ou seja, numa época em que a regra para as moças de boa família era "contrair bom matrimônio", a jovem Patrícia escandaliza com suas saias curtas e boca pintada de vermelho. Com coragem e determinação, enfrenta uma sociedade provinciana, opondo-se às convenções impostas. Sua versatilidade se consubstancia não somente em cartas, artigos, poesias, romances, mas principalmente na procura por novas experiências de vida.

Não é fácil escrever sobre Patrícia Galvão, dada a quantidade de personagens que sua identidade legal esconde. Patrícia é Zazá na infância. Patsy, quando escreve os primeiros poemas. E, aos 22 anos, Mara Lobo, autora de um "romance proletário". Nos anos seguintes, torna-se militante comunista clandestina no Brasil e na França. Entre 1934 e 1935, é correspondente internacional dos jornais *Correio da Manhã*, *Diário Nacional* e *Diário da Noite*. Primeira prisioneira política do Brasil República, Pagu foi presa e torturada diversas vezes. Acusada de envolvimento no levante comunista de 1935, permaneceu encarcerada por quase cinco anos nos presídios da ditadura getulista. Além do mais, é escritora de livros policiais em 1944; funcionária da agência de notícias France-Presse; articulista, com o pseudônimo Ariel, no jornal paulistano *A Noite*; fundadora da Associação dos Jornalistas Profissionais de Santos; tradutora de Eugène Ionesco; diretora de teatro; crítica literária; e candidata a deputada estadual por São Paulo, em 1950.

Acrescente-se a isso, mãe de Rudá Andrade e Geraldo Galvão Ferraz. Pagu só não fez mais porque morreu precocemente, aos 52 anos.

Biografias, autobiografia e cinematografia

Pagu: vida-obra, editado em 1982 por Augusto de Campos pela Brasiliense e reimpresso em 2014 pela Companhia das Letras, constitui a mais abrangente e completa coletânea de escritos e registros de Patrícia Galvão. Em 1993, a Universidade Estadual de Campinas (Unicamp) funda seu Núcleo de Estudos de Gênero Pagu e lança os *Cadernos Pagu*, comprovando o reconhecimento das feministas à importância de Patrícia Galvão. No primeiro número da revista, Mariza Corrêa chama atenção para a capacidade de Pagu "em abrir novos caminhos e incorporar velhos saberes"[1].

Em *Pagu – Patrícia Galvão: livre na imaginação, no espaço e no tempo*, de 1999, Lúcia Maria Teixeira Furlani evidencia seu fascínio pela personagem Pagu enquanto mulher linda e transgressora. O livro tem o mérito de divulgar uma extensa iconografia, mas peca pela superficialidade e grandiloquência: "Seu impulso generoso e apaixonado de busca incessante da essência humana e das melhorias das condições de vida sobre o planeta transporta-a numa escadaria imaginária para bem alto... bem alto... e a lança numa ponte de sobrevivida... De onde espia... a eternidade"[2].

Em 2003, Thelma Guedes publica um estudo cuidadoso, mais literário que político, sobre o livro *Parque industrial*:

> Além de apresentar, nos enredos que envolvem seus personagens proletários, questões profundamente relevantes não abordadas até então (como a questão racial, a repressão das energias eróticas no mundo do trabalho industrial, a prostituição e outras formas igualmente terríveis de exploração sofridas pela mulher), interage intensamente com os problemas de representação artística na modernidade e, em particular, com o romance moderno.[3]

Em 2005, por decisão dos filhos, temos a publicação de *Paixão Pagu: a autobiografia precoce de Patrícia Galvão*, um texto pungente escrito aos 30 anos de idade e destinado a Geraldo Ferraz, então seu

---

[1] Mariza Corrêa, "A propósito de Pagu", *Cadernos Pagu*, n. 1, 1993, p. 17.

[2] Lúcia Maria Teixeira Furlani, *Pagu – Patrícia Galvão: livre na imaginação, no espaço e no tempo* (4 ed., Santos, Editora Unisanta, 1999), p. 83-4.

[3] Thelma Guedes, *Pagu: literatura e revolução* (Cotia, Ateliê Editorial, 2003), p. 65-6.

marido e companheiro, em que Pagu faz o balanço de sua vida. É uma carta pessoal e reveladora na qual ela adverte: "Não estou escrevendo autobiografia para ser publicada ou aproveitada. Isso é para você ter um pouco mais de mim mesma, das sensações e emoções que experimentei"[4]. Para os leitores de hoje, o texto permite entender de maneira menos idealizada sua trajetória e o preço que ela pagou por suas opções políticas e amorosas.

A cinematografia sobre Pagu conta com duas produções relevantes. A primeira delas, *Eh Pagu, Eh!*, é um documentário de curta-metragem dirigido por Ivo Branco em 1982, a partir da pesquisa realizada por Vladimir Sacchetta. Com farta documentação iconográfica, a ênfase é dada à trajetória política de Pagu e seu desencanto com o comunismo soviético.

Eternamente Pagu, longa-metragem de Norma Bengell, de 1988, acompanha uma Pagu ficcional desde a infância de classe média, passando pela adolescente rebelde e inteligente, as primeiras produções artísticas, o encontro com Tarsila e Oswald, a adesão à luta dos oprimidos, as viagens pelo mundo como jornalista, as prisões e violências sofridas, a relação com Geraldo Ferraz, o reencontro com o filho Rudá e o nascimento de seu segundo filho, Geraldo. O filme termina com a tentativa de suicídio de Pagu ao saber do agravamento de sua enfermidade pulmonar. Talvez por ter sido dirigido e roteirizado por uma mulher, ela mesma presa e torturada, *Eternamente Pagu* é capaz de explorar a subjetividade de Patrícia Galvão, ao contrário dos demais filmes, mais interessados nos lances biográficos de sua trajetória.

Feminista *avant la lettre*

Quando Pagu nasce, em 1910, o Brasil é um país dependente das exportações de café, recém-saído do regime escravocrata e com a maioria dos habitantes vivendo no campo. A Igreja católica exerce a direção moral da sociedade; os homens brancos e proprietários definem as regras da sociabilidade, dominando a vida econômica e política.

Os lugares sociais das mulheres estão determinados fundamentalmente por sua classe de origem. As mulheres ricas e de classe média branca têm acesso a alguma forma de instrução. Quando saem da casa paterna, é para casar e constituir família, ficando totalmente dependentes de seus maridos, sem direitos políticos e só podendo trabalhar com autorização marital. Nas cidades, a vida das mulheres pobres é

[4] Patrícia Galvão (Pagu), *Paixão Pagu: a autobiografia precoce de Patrícia Galvão* (Rio de Janeiro, Agir, 2005), p. 99-100.

agravada pelas péssimas condições de trabalho e pelo racismo, sejam elas empregadas domésticas, sejam trabalhadoras na indústria têxtil, os dois nichos de empregos femininos. Nas tecelagens, a maior parte da mão de obra é constituída por mulheres e crianças, que recebem menores salários e não contam com qualquer proteção legal. As tecelãs estão sujeitas ao assédio sexual e as crianças recebem castigos físicos dos chamados fiscais do trabalho. O máximo que a lei lhes concede é a constituição de sociedades de ajuda mútua.

Em junho de 1917, explode a greve das operárias do Cotonifício Rodolfo Crespi. Localizado num bairro fabril da cidade de São Paulo, o protesto das tecelãs torna-se o estopim da revolta operária. As péssimas condições de trabalho e a miséria contribuem para que o movimento se alastre por outras fábricas, levando ao enfrentamento entre grevistas e policiais. A morte de um operário espanhol é a gota d'água para a radicalização. A paralisação toma São Paulo, se espalha pelo país e o Brasil conhece sua primeira greve geral de trabalhadores.

É preciso lembrar que as incipientes formas de organização classista reproduziam o mesmo viés de gênero ao insistir na unidade de todos contra os patrões. O feminismo anarquista de Maria Lacerda de Moura (1887-1945) é de certo modo precursor das inquietações da jovem Pagu. Nascida em Barbacena, no interior de Minas, forma-se professora e dedica-se às campanhas pela alfabetização. Crítica ao Estado e seus aparelhos ideológicos, principalmente a Igreja católica, aponta a especificidade da situação das mulheres:

> A religião, em constante conflito com a ciência, tem na mulher a alavanca reacionária contra a evolução para feitos mais altos.
> Cumpre desembaraçá-la das peias que a encarceram mentalmente.
> Enquanto não souber pensar será instrumento passivo em favor das instituições do passado. E ela própria, inconsequente, trabalha pela sua escravidão.[5]

Em 1921, três anos passados da greve geral, muda-se para São Paulo e estabelece de imediato contato com os operários anarquistas do bairro industrial do Brás. Trajetória semelhante terá Pagu por ocasião de sua militância no Partido Comunista Brasileiro (PCB), como veremos mais adiante.

No ano seguinte, a par da militância junto às operárias, Maria Lacerda de Moura se opõe aos preconceitos relativos à sexualidade

[5] Maria Lacerda de Moura citada em Miriam Lifchitz Moreira Leite, *Outra face do feminismo: Maria Lacerda de Moura* (São Paulo, Ática, 1984), p. 20.

da mulher e luta pelo direito ao voto feminino, fundando com Bertha Lutz a Federação Brasileira pelo Progresso da Mulher (FBPM). Ambas se dedicam integralmente à defesa dos direitos das mulheres, mas o fazem a partir de pressupostos e estratégias distintos. Para Moura, a emancipação das mulheres e dos oprimidos é impossível dentro dos limites do capitalismo:

> E se o homem é escravo do homem, através do salário, e, se a mulher é duplamente escrava, do homem e do salário – como podemos pensar a emancipação feminina dentro do regime legal burguês-capitalista, no qual a função da mulher se limita a máquina de prazer ou de trabalho ou a fabricar a carne para os canhões vorazes?[6]

Moura desconfia dos partidos políticos e enxerga o Estado e seus aparatos como síntese da opressão, sua perspectiva de luta é de confronto com a ordem estabelecida:

> É preciso ser humano e ter saltado fora dos tapumes do redil social, ter deixado de ser um número no rebanho servil da domesticidade; é preciso ter sentido a fome no estômago dos outros; é preciso ter alargado o espírito de tolerância, para compreender as razões do próximo e não para tentar impor a autoridade de sua verdade contra os sonhos e as verdades de outros idealistas.[7]

Maria Lacerda de Moura e Pagu compartilham do mesmo deslocamento cruzado, defendendo a especificidade da questão da mulher e da libertação sexual no âmbito da luta operária e, na trincheira feminista, o necessário olhar para as diferenças de classe. É o que veremos mais adiante nos embates enfrentados por Pagu ao longo da militância comunista e nas formulações da personagem Otávia, seu *alter ego* no romance *Parque industrial*.

De todas as personagens vividas por Patrícia Galvão, a que mais interessa aqui é a jovem libertária, heroína política e feminista *avant la lettre*, que antecipa em muitos anos os temas, as questões e os dilemas que emergiram com o feminismo dos anos 1970.

A musa modernista

Em que pese o eixo econômico do país fundamentar-se na política do café com leite e do centro político ser a capital, Rio de Janeiro, o

[6] Maria Lacerda de Moura, *Amai e... não vos multipliqueis* (São Paulo, Chão, 2022), p. 122.

[7] Idem, *Fascismo: filho dileto da Igreja e do Capital* (2 ed., São Paulo, Entremares, 2018), p. 154-5.

grande polo econômico é São Paulo, sede da expansão industrial e destino principal da imigração de trabalhadores da Europa. A novidade de São Paulo, que se autorrepresenta como "a locomotiva que carrega o resto do país", vem precisamente da mão de obra livre consumidora de bens industriais, condição indispensável para o desenvolvimento das forças produtivas.

O rápido crescimento industrial e o aumento da população urbana estimulam a modernização e o embelezamento da cidade, que será sede de um dos mais importantes movimentos artísticos brasileiros, conhecido como a Semana de Arte Moderna de 1922. Pesquisas recentes evidenciam que já fermentavam na arte brasileira precursores do modernismo fora do núcleo paulista:

> Será que a Semana de 22 foi um divisor de águas entre o velho e o novo, entre o "passadismo" e o "modernismo"? Se nos debruçarmos sobre a produção artística, musical, arquitetônica e literária que antecede a Semana – também em outras localidades além de São Paulo –, encontraremos incontáveis evidências de que a Semana faz parte de um amplo e descontínuo processo que a extrapola, tanto temporal como territorialmente.[8]

Não obstante, é em São Paulo que as relações sociais de produção capitalista invadem todos os campos de atividade. No rescaldo da greve geral, a Exposição de Pintura Moderna – Anita Malfatti, protagonizada pela artista e realizada entre 12 de dezembro de 1917 e 11 de janeiro de 1918, é por muitos considerada o estopim da Semana de 1922. Os artistas ligados ao modernismo buscavam novas formas de expressão que partissem das questões e de uma estética nacionais, como foi o caso de Mario de Andrade e Oswald de Andrade na literatura, de Anita Malfatti e Tarsila do Amaral na pintura e de Heitor Villa-Lobos na música. A obra de Anita, influenciada pelo cubismo e expressionismo, escandaliza por afrontar os padrões estéticos conservadores da elite paulistana.

A futura musa modernista tinha apenas 11 anos de idade quando foi realizada a Semana de Arte Moderna. Nascida em São João da Boa Vista, cidade do interior de São Paulo, desde a primeira infância já residia na capital paulista com a família, primeiro no Brás e depois na Vila Mariana. Seriam necessários mais sete anos para que Pagu,

[8] Aracy A. Amaral e Regina Teixeira de Barros, "Moderno onde? Moderno quando? A Semana de 22 como motivação", *MAM*, [s.d.]. Disponível on-line.

então com 18 anos, fosse apresentada por Raul Bopp ao casal Tarsila do Amaral e Oswald de Andrade. Meses depois, *Para Todos*[9] traz na sessão "Sociedade Paulista" uma foto de Pagu, linda, no estilo Theda Bara, com cabelos compridos, olhos e boca ressaltados pela maquiagem. Na legenda, é apresentada como a mais nova colaboradora da revista: "Normalista, pinta bonecos e é declamadora".

Em pouco tempo, Pagu passa a circular na elite intelectual do modernismo paulista. A jovem normalista é louvada em versos e em desenhos pela vanguarda antropofágica, tornando-se uma espécie de musa aos 19 anos. A relação amorosa entre Pagu e Oswald deve ter se iniciado em data próxima ao diário de ambos – *Romances* –, em maio de 1929. Nesse período, colabora para a *Revista de Antropologia* com um desenho. Em 28 de dezembro do mesmo ano, grávida de Oswald, se casa com o pintor Waldemar Belisário para salvar as aparências. No dia 5 de janeiro de 1930, Pagu e Oswald firmam um compromisso verbal de casamento no cemitério da Consolação.

Patrícia Galvão, comunista

Ainda em 1930, Pagu viaja à Argentina na tentativa de entrevistar Prestes, que lá se encontrava. O encontro acaba não acontecendo e ela conhece as agruras de uma mulher isolada num meio de intelectuais machistas, como o escritor Jorge Luis Borges que "quis se despir no meu quarto cinco minutos depois de me conhecer. Fazer lutinha comigo. Gente sórdida"[10]. Em compensação, tece grande elogio a Astrojildo Pereira, "o primeiro comunista de destaque" que conhece na sua atividade política e que era, antes de tudo, "o intelectual que me contava coisas novas, para meu prazer intelectual"[11]. Segundo ela, graças à convivência com Astrojildo, Oswald também começa a se interessar pelas doutrinas sociais.

Em 1931, Pagu e Oswald lançam em São Paulo o jornal *O Homem do Povo*. A publicação graficamente incorpora a estética modernista e Pagu, como editora do caderno "A Mulher do Povo", escancara a hipocrisia das senhoras católicas, as consequências da repressão sexual e a importância da causa operária, entre outros temas. No artigo intitulado "O retiro sexual", ela conclui que:

---

9 *Para Todos*, Rio de Janeiro, ano 11, v. 550, 29 jun. 1929, p. 29.

10 Pagu, *Autobiografia precoce* (São Paulo, Companhia das Letras, 2022), 72.

11 Idem, p. 74.

Constata-se cada vez mais que o misticismo só apparece nas civilizações recalcadas e doentias. Agora, que nos encaminhamos embora muito devagar para uma época sem recalque e de moral biologica racionalizada, onde não existirão nem desvios sexuaes nem retiros fisicos, Freud e o Padre Manfredo podem pedir demissão.[12]

Os reacionários alunos de direito da Universidade de São Paulo (USP) resolvem invadir e depredar o jornal no mês seguinte, ao que Pagu responde com o artigo "Guris patri-opas", que caberia como luva aos fanáticos bolsonaristas do século XXI:

Imbecis, alcaiotes aguilhoados e amestrados por essa corja de coroneis civis, que lhes entope de pátria e opas para que elles com a faixa auri-verde esganarem vivas a terra dos paes. E tudo em nome de Deus.[13]

Oswald, por sua vez, chama a turba de estudantes de cancro, o que serve de pretexto para nova invasão e tentativa de linchamento dele e de Pagu. O jornal *A Folha da Noite* dá a notícia tendenciosamente favorável aos vândalos, tachando Oswald de "gorda figura". Segundo o jornal, a polícia prende o casal porque Pagu revida aos ataques com unhadas. E conclui com chave de ouro, afirmando serem os estudantes arranhados as verdadeiras vítimas do ataque:

Foi uma verdadeira cena tragicômica, a que hoje veio quebrar a monotonia do momento atual. Trágica, pela atitude de justa revolta dos estudantes que quiseram dar o merecido corretivo ao insultador da gloriosa instituição de ensino, cômica, devido à rápida e trêmula retirada do casal que só encontrou um princípio de coragem, entre as paredes protetoras da Central de Polícia.[14]

A perseguição leva o casal a embarcar para Montevidéu. "No dia seguinte à nossa chegada", Pagu relembra, "fomos procurados por um homem de aparência medíocre. Eu estava só e quase despedi nosso visitante, que era Luiz Carlos Prestes"[15]. Durante três dias e três noites, o trio conversa e, nas palavras de Pagu:

---

[12] Pagu, "O retiro sexual", São Paulo, *O Homem do Povo*, caderno "A Mulher do Povo", n. 3, 31 mar. 1931, p. 2.

[13] Idem, "Guris patri-opas", São Paulo, *O Homem do Povo*, caderno "A Mulher do Povo", n. 7, 9 abr. 1931, p. 2.

[14] "Um justo revide dos estudantes de direito aos insultos de um anthropophago", *Folha da Noite*, São Paulo, n. 3.136, 9 abr. 1931, p. 8.

[15] Pagu, *Autobiografia precoce*, cit., p. 41.

Fiquei conhecendo a grandiosidade de uma coisa até então desconhecida por mim – o espírito de sacrifício. Prestes mostrou-me concretamente a abnegação, a pureza da convicção. Fez-me ciente a verdade revolucionária e acenou-me com a fé nova. A alegria da fé nova. A infinita alegria de combater até o aniquilamento pela causa dos trabalhadores, pelo bem geral da humanidade. Disse "acenou-me" porque a fé em toda sua extensão, só mais tarde tomou conta absoluta de minha pessoa. [...] Mas o tempo foi pouco para que eu me inteirasse suficientemente do processo revolucionário a seguir para a emancipação do proletariado. Isso eu quis saber daí para diante. E comecei a estudar seriamente.[16]

No retorno ao Brasil, ela continua sua formação comunista. Viaja para Santos com o pequeno Rudá e conhece o estivador Herculano, cujas palavras provocam uma reviravolta radical em sua opção política:

Não me atrevo a repetir as palavras do preto Herculano. Elas e só elas destruíram a descrença e o desprezo. Pode ser que fossem apenas um marco da transformação já preparada por diversos fatores. Mas eu sentia perfeitamente separação, o corte na vida e a iluminação súbita do novo horizonte. Senti valorizada minha estada no mundo. De tudo o que eu sentia antes, ficou o doloroso da revolta, o necessário auxiliar estimulante da luta futura. A emoção e o meu grande amor pelos desgraçados. [...]
Perturbada, desde esse dia, resolvi escravizar-me espontaneamente, violentamente. Ao marxismo. À luta de classes. À libertação dos trabalhadores. Por um mundo de verdade e justiça. Lutar por isso valia uma vida.[17]

Naquele momento, o Sindicato da Construção Civil de Santos estava em greve e Pagu é presa quando participa de uma panfletagem em defesa dos grevistas. Indignada pela violência com que a polícia trata seus companheiros, ela enfrenta o delegado de plantão, Souza Pacheco, "que foi esbofeteado por mim nesse momento de indignação"[18].

Um mês depois, Pagu recebe ordens do Partido para retornar a Santos, onde aluga um quarto. Com o auxílio de companheiras, começa a trabalhar como catadeira da seleção do café. Nas horas de folga, diverte-se na companhia das crianças do bairro da Ponta da Praia. Pagu dedica grande afeição e respeito a Herculano, que será

[16] Idem, p. 41-2.

[17] Idem, p. 48-9.

[18] Idem, p. 53.

assassinado com um tiro pelas costas, em uma manifestação contra a execução de Sacco e Vanzetti. Como relembra Geraldo Ferraz:

> Patrícia Galvão sofrera, desde 1931, as consequências da refrega social e política em que ingressara, em agosto de 1931, aqui em Santos, num comício do Partido, na praça da República, é ela, à frente, quem levanta do chão, ensanguentada, a cabeça do estivador Herculano de Souza, que expira em seu colo. É, nesse momento, a primeira mulher a ser presa no Brasil, na luta revolucionária ideológica.
>
> O casarão da praça dos Andrades, a cárcere 3, "o pior cárcere do continente", diria um dia o general Miguel Costa, como secretário de Segurança de São Paulo, acolhe os presos do comício de agosto de 1931.[19]

Pagu assim descreve as circunstâncias nas quais ela e Leonor, uma jovem militante de apenas 14 anos, foram presas na ocasião:

> Fomos encerradas em celas contíguas, as celas conhecidas da cadeia de Santos. Havia um buraco no centro e era preciso escancarar as pernas para não mergulhar na imundície. Tinha o pescoço dolorido, a garganta ardendo, muita vontade de me atirar num chão e dormir. Mas não podia sequer encostar nas paredes da cela.[20]

Durante sua prisão, surgem boatos insinuando que ela tivesse cometido "indiscrições". O Partido decide colocá-la na geladeira. Quando é libertada, nenhum companheiro aparece para acompanhá-la. Sozinha na madrugada, Pagu tem que se virar para encontrar um hotel onde passar a noite. Depois de algum tempo, finalmente consegue encontrar Oswald na casa onde ele se esconde.

A partir desse momento, Pagu enfrentará fugas e perseguições policiais, ao mesmo tempo que a direção do Partido ora coloca-a no ostracismo, ora convoca-a para missões penosas. Em 1932, é obrigada pelo Comitê Central (CC) a se afastar do filho e ir viver num cortiço no Rio de Janeiro. A descrição que faz da "proletarização" a que foi submetida é um testemunho acerca da rigidez e do sectarismo. Mesmo assim, é com emoção que anos depois recorda a dedicação e o companheirismo dos militantes reunidos clandestinamente num encontro do PCB:

---

19 Geraldo Ferraz citado em Augusto de Campos, *Pagu: vida e obra* (São Paulo, Companhia da Letras, 2014), p. 344.

20 Pagu, *Autobiografia precoce*, cit., p. 61.

> Do que pude ouvir na Conferência, das discussões a que assisti, das resoluções políticas adotadas, achei magnífico, perfeito, lógico, justo. Vendo as figuras encovadas, sorridentes, amarelas dos companheiros que se despediam como irmãos, senti um bem-estar envolvente. Minha alegria se penetrava de uma fé absoluta. E a minha convicção era inexpugnável. O proletariado brasileiro guiado por uma vanguarda daquela têmpera se libertaria, seria vitorioso, dentro de pouco tempo.[21]

Apesar de sua profunda convicção ideológica, a militância de Pagu continua se deparando com forte desconfiança por parte de vários membros do CC. É o que vemos na autobiografia de Leôncio Basbaum. Nela, o autor critica o "obreirismo" do partido nos anos 1930, opondo-o ao conceito de "proletarização":

> Acho que aqui devo uma explicação ao leitor, sobre o significado real da "proletarização" e do "obreirismo", tal como eu o entendia. A proletarização era, em suma, dar ao Partido Comunista, que era um partido do proletariado, uma ideologia proletária [...]
> O obreirismo era apenas um "desvio", uma incompreensão da proletarização, o desprezo pelos aliados de classe, sobretudo pelos intelectuais, endeusamento do operário, em vez de lutar pela hegemonia do proletariado, copiar os modos de vida e comportamento dos operários, principalmente os mais atrasados do ponto de vista político.[22]

No entanto, algumas páginas depois Basbaum, ele próprio vítima do obreirismo e afastado do CC por ser um intelectual, reproduz o mesmo viés sectário político e misógino contra as mulheres quando se refere a Oswald e Pagu:

> Um desses elementos, podemos dizer perniciosos, era uma moça (poetisa) chamada Pagu, que vivia, às vezes, com Oswald de Andrade. Ambos haviam ingressado no Partido, mas para eles, principalmente para Oswald, tudo aquilo lhe parecia muito divertido. Ser membro do PC, militar ao lado de operários autênticos (tipo Miguel), tramar a derrubada da burguesia e a instauração de uma "ditadura do proletariado", era sumamente divertido e emocionante. Nessa Conferência Regional do Rio, um dos membros encarregados da "autodefesa", armado de revólveres, que protegiam a reunião contra curiosos e policiais, era Pagu...[23]

[21] Patrícia Galvão (Pagu), *Paixão Pagu*, cit., p. 102.

[22] Leôncio Basbaum, *Uma vida em seis tempos (memórias)* (São Paulo, Alfa Omega, 1978), p. 98.

[23] Idem, p. 119.

Em 1933, por ordem do Partido, Pagu publica *Parque industrial* sob o pseudônimo de Mara Lobo. O livro recupera a experiência do tempo em que viveu com a família no Brás, ao mesmo tempo que inaugura uma literatura política militante. Redescoberto por leituras mais recentes, o romance proletário de Pagu, como bem observa Mariza Corrêa, inova pelo estilo instantâneo com que retrata "a vida na cidade industrial e seus personagens efêmeros, descartáveis". Um estilo de apelo cinematográfico que "poderia ser lido hoje como se fosse o roteiro de um vídeo"[24].

Além da inovação formal, a obra denuncia a dupla moral sexual da época no uso que os filhinhos de papai faziam das mulheres operárias do Brás: "Todas as meninas bonitas estão sendo bolinadas. Os irmãozinhos seguram as velas a troco de balas. A burguesia procura no Brás carne fresca e nova"[25].

Em *Parque industrial*, o Carnaval é o narcótico do povo e a burguesia, não contente em explorar a mão de obra operária na indústria, corrompe e prostitui as filhas dos pobres. Essas "aventuras" que faziam parte do aprendizado sexual dos jovens de classe média e alta com frequência terminavam em nascimentos indesejados. Os pais biológicos negavam a paternidade, como no caso da operária Corina, seduzida e enganada pelo burguês Arnaldo, não obstante os alertas de sua colega Otávia, *alter ego* de Pagu no livro:

> – Corina, você não percebe quem é o Arnaldo? Ele não passa de um horrível burguês! Logo se saciará de você! Eles são sempre assim...
> – Mas nós somos noivos...
> – Ele nunca se casará com você. Ele não terá a coragem de procurar uma esposa fora de sua classe. O que ele faz é só seduzir as pequenas como você, que desconhecem o abismo que nos separa dele.[26]

Arnaldo jura que o filho não era dele e deixa Corina na rua da amargura (como não sentir alívio com a revolucionária descoberta do DNA para comprovar a paternidade, tal como garante a atual Constituição brasileira?). Ao denunciar a prática machista e de classe do defloramento e da gravidez não assumida pelo pai, Pagu funde opressão de gênero e de classe numa só categoria.

---

[24] Mariza Corrêa, "A propósito de Pagu", cit., p. 15.

[25] Mara Lobo (Pagu), *Parque industrial* (São Carlos, EdUFSCar, 1994), p. 40-1.

[26] Idem, p. 74.

O feminismo burguês não a interessa. Nas palavras da personagem Otávia, Pagu ironiza um encontro de mulheres pelo direito ao voto, remetendo à formulação de Maria Lacerda de Moura: "o alvoroço das mulheres entrando. São as emancipadas, as intelectuais e as feministas que a burguesia de São Paulo produz. Burguesas preocupadas em garantir seu direito a voto mas excluir a operária"[27].

Pagu, prisioneira política

Geraldo Ferraz assim resume os intensos anos de militância de Pagu:

> "Proletarizar-se" era a palavra de ordem do Partido e, embora ainda milite na imprensa do Rio (*Diário de Notícias*), Patrícia Galvão trabalha nos mais rudes serviços até ficar doente. Segue-se a viagem à volta do mundo, e os jornais *Correio da Manhã*, *Diário de Notícias*, *Diário da Noite*, de São Paulo, recebem suas correspondências dos Estados Unidos, do Japão, da Manchúria [...]. É na viagem à China que Patrícia Galvão entrevistou Sigmund Freud em viagem de recreio.
>
> A jornalista viaja pelo Transiberiano, na longa viagem que une Dairen a Moscou, em oito dias e oito noites de ferrovia. De Moscou ela parte para a França.[28]

A viagem à União Soviética inicia uma crise na concepção política de Pagu. Se por um lado é arrebatada pelo fervor dos comícios e desfiles que celebram o Partido, então comandado por Stálin, por outro se depara com a inimaginável miséria das crianças que esmolam nas ruas de Moscou. Em suas próprias palavras:

> Todas as conquistas da revolução paravam naquela mãozinha trêmula estendida para mim, para a comunista que queria, antes de tudo, a salvação de todas as crianças da Terra. E eu comprava bombons no mundo da revolução vitoriosa. Os bombons que tinham inscrições de liberdade e abastança das crianças da União Soviética. Então a revolução se fez para isso? Para que continuem a miséria e a humilhação das crianças?[29]

Na volta da União Soviética, Pagu instala-se em Paris, onde a cantora brasileira Elsie Houston apresenta-a à nata dos poetas surrealistas. Desencantada com o stalinismo, é provável que seja nesse convívio com artistas da vanguarda, numa França em convulsão política, que

---

[27] Idem, p. 66.

[28] Geraldo Ferraz citado em Augusto de Campos, *Pagu*, cit., p. 344.

[29] Pagu, *Autobiografia precoce*, cit., p. 139.

Pagu tenha se aprofundado na experiência da arte como campo da liberdade revolucionária que a fará, dali alguns anos, aproximar-se do crítico de arte Mário Pedrosa no periódico *Vanguarda Socialista*.

Vale lembrar que parte dos artistas ligados ao modernismo brasileiro havia estudado na Europa e que a influência do surrealismo já se fizera notar na exposição inaugural de Anita Malfatti, em dezembro de 1917. Pagu, cuja família não tivera posses para enviá-la a estudar no exterior, aos 24 anos e por conta própria, inicia sua formação ao frequentar a Universidade Popular, instituição que se difundira na França (e em outros países europeus), visando uma prática de formação permanente e de qualidade, acessível às classes populares.

A França de 1934, ainda sofrendo a crise econômica após o *crash* de 1929, é campo de disputa entre a extrema direita raivosa e o governo da Frente Popular. Hitler já tomou poder na Alemanha, os fascistas colocaram Mussolini no comando da Itália e as ruas de Paris são palco de embates ferozes. No olho do furacão, sempre de acordo com o relato de Geraldo Ferraz, Pagu se filia ao Partido Comunista com uma identidade falsa, Leonie, "disfarçada atrás do *argot* que aprendera a duras penas, em sua ligação com Aragon"[30]. Ela participa ativamente dos protestos na rua e é presa algumas vezes. No ano seguinte, a extrema direita derruba o governo da Frente Popular. Pagu é presa novamente e só escapa de uma provável execução graças à intervenção do embaixador Souza Dantas, que consegue repatriá-la.

Ao chegar ao Brasil, é condenada a dois anos de prisão por causa do levante comunista. Em 1937, antes de cumprir a pena, foge do hospital Santa Cruz, para onde fora levada por problemas de saúde. Volta a ser presa e é condenada a mais dois anos de prisão pelo Tribunal de Segurança Nacional do Estado Novo getulista. A burguesia até tolera modernismos literários e liberdade sexual, mas nunca o comunismo. Uma opção particularmente corajosa pela qual Patrícia Galvão paga o terrível preço da tortura e de cinco anos de confinamento.

Ao sair da prisão, em 1940, rompe com o PCB. No mesmo ano inicia um relacionamento com Geraldo Ferraz e com ele integra a redação do já mencionado periódico *Vanguarda Socialista*, que tem como editor Mário Pedrosa. Da união com Geraldo Ferraz, que dura até o fim de sua vida, nasce seu segundo filho, Geraldo Galvão Ferraz, em 18 de junho de 1941. A partir daí, Pagu vai trabalhar como jornalista

[30] Geraldo Ferraz citado por Augusto de Campos, *Pagu*, cit., p. 345.

e correspondente, publica crônicas, poemas e artigos diversos, muitos sob pseudônimos.

A ditadura do Estado Novo de Getúlio Vargas é sabotada pelos militares que temem o prestígio do ditador junto aos trabalhadores urbanos. Em 1945, aproveitando a derrota do nazismo e do fascismo, e em nome da democracia, é instaurada a Quarta República. Getúlio apoia o candidato vencedor Eurico Gaspar Dutra, incentiva a criação do Partido Trabalhista Brasileiro (PTB) e elege-se senador pelo Rio Grande do Sul pelo Partido Social Democrata (PSD). É importante lembrar que, aproveitando das dificuldades causadas pela Segunda Guerra Mundial, o Brasil vivia um período de expansão industrial, marcado pela dita política de "substituição de importações", bem como a implantação da indústria de base, com a criação da Companhia Siderúrgica Nacional (CSN) de 1941 (privatizada pelo governo Itamar Franco) e da Vale do Rio Doce (infelizmente privatizada em 1996 pelos arroubos neoliberais do desastroso período Fernando Henrique Cardoso).

O governo Dutra marca o alinhamento do Brasil ao anticomunismo introduzido pela Guerra Fria e a submissão do país aos interesses estadunidenses. Nas eleições de 1950, Getúlio Vargas é o vitorioso e Patrícia Galvão, como Pagu passa a ser conhecida, concorre a uma vaga de deputada estadual pelo Partido Socialista Brasileiro (PSB). A submissão dos comunistas brasileiros ao Comintern[31], que, entre outros erros, é responsável pelas desastrosas consequências da Aliança Nacional Libertadora em 1936, faz o partido oscilar entre políticas frentistas e tentativas de levantes armados. Nas eleições de 1950, a opção é esquerdista, com a indicação de não participação. Por essa razão, Patrícia Galvão critica duramente o partido. Daniel Aarão Reis[32] comenta que a recusa a participar das eleições resulta num enorme prejuízo para o PCB. Em 1947, era o maior partido comunista da América Latina, com cerca de 200 mil filiados; após as eleições de 1950 perde quase nove décimos desse total, reduzindo-se a cerca de 20 mil militantes.

Patrícia não se elege e nos anos seguintes dedica-se intensamente ao campo da arte. Frequenta a Escola de Arte Dramática de São Paulo e liga-se ao teatro de vanguarda, montando, traduzindo, dirigindo e

---

[31] A Internacional Comunista, ou Terceira Internacional (1919-1943), foi organizada por Lênin para reunir os partidos comunistas de diferentes países. Comintern é a abreviação do inglês Communist International.

[32] Daniel Aarão Reis, *Luís Carlos Prestes: um revolucionário entre dois mundos* (São Paulo, Companhia das Letras, 2014).

escrevendo peças. Continua publicando crítica de arte e retoma o antigo pseudônimo de Mara Lobo em alguns de seus textos. Com Geraldo Ferraz e os filhos, passa a residir em Santos, onde se notabiliza como agitadora cultural. Na última década de uma vida tão intensa e breve, a musa e uma das protagonistas do modernismo brasileiro mergulha na experiência da criação libertária e revolucionária: "O estado provisório da não satisfação completa já me legava outra volúpia – a da procura. Assim, tenho andado farejando toda espécie de ideal"[33].

Patrícia Galvão, militante do ideal[34], deixa como legado não só uma obra poética e literária, como também a trajetória exemplar de uma pessoa profundamente conectada às inquietações de seu tempo. Poderia ter sido a eterna musa do primeiro modernismo, mas preferiu ser revolucionária. Poderia ter sido uma feminista burguesa, condição que seu nascimento lhe proporcionava, mas preferiu proletarizar-se e assim seguidamente, ao longo da vida. Rebelde e destemida, talvez porque o "farejar toda espécie de ideal" tenha a ver com a lúcida conexão à própria verdade interna, não se conformou nem se deixou confinar a parâmetros externos – fossem da beleza, da sociedade, do Partido ou de supostos cânones da arte. Confrontou a ordem burguesa com a aventura revolucionária em diversos campos da subjetividade, sempre fiel a si mesma.

Precursora da nova esquerda

A história de Patrícia Galvão (Pagu), para além de tudo que tem de pessoal e única, é um retrato dos limites políticos e culturais da burguesia brasileira, mas também do moralismo e do machismo da esquerda nacional nos anos 1930 e 1940, inclusive da esquerda comunista. Em 1950, desiludida com o sectarismo do PCB e vítima sobrevivente da ditadura getulista, ela proclama em seu panfleto eleitoral ser "contra uma esquerda totalitária que distribui palavras de ordem arruinando a democracia e contra uma direita reacionária que não quer ver que a civilização atual esgotou as suas possibilidades de permanência dominante"[35].

Pagu morre em 1962, dois anos antes do golpe militar de 1964, que se autointitulou "revolução" e se notabilizou pelo moralismo e pelo conservadorismo das bandeiras de Deus, Família e Propriedade. Para a juventude que aspirava a maior liberdade na vida pessoal, a

---

[33] Pagu, *Autobiografia precoce*, cit., p. 11.

[34] O título deste artigo retoma a homenagem feita por Geraldo Ferraz na semana da sua morte. Cf. Augusto de Campos, *Pagu: vida e obra* (São Paulo, Companhia da Letras, 2014), p. 343.

[35] Augusto de Campos, *Pagu*, cit., p. 27.

ditadura foi um duro golpe. A moral cristã era tão onipresente que, nas invasões realizadas pela polícia nos alojamentos estudantis da USP, as pílulas anticoncepcionais constituíam prova incriminadora, tanto quanto os coquetéis *molotov*.

Nos anos seguintes, a radicalidade da experiência da luta armada deixará marcas profundas na juventude que nela se envolveu. Levando-se em conta os limites das concepções dos partidos comunistas oficiais em relação ao feminismo, a participação das mulheres na luta armada representa uma enorme ruptura com relação às lutas e movimentos sociais anteriores, nos quais predominavam os homens. Um contingente considerável de jovens brasileiras conheceu os mesmos sofrimentos que a jovem Pagu quando foi presa, torturada e encarcerada pela ditadura getulista. E, como ela, a maior parte seguirá lutando por seus ideais libertários e revolucionários[36].

36 Nesse sentido, vale mencionar a iniciativa do Instituto Patrícia Galvão, organização feminista brasileira focada na defesa dos direitos das mulheres por meio de ações na mídia. Fundado em 2001, o IPG reúne cerca de trinta comunicadoras feministas de diversas regiões do país com a missão contribuir para a ampliação e a qualificação do debate público sobre questões críticas que afetam o pleno acesso das mulheres a seus direitos no Brasil.

História e consciência de classe: grandeza e limites

JOSÉ PAULO NETTO

A passagem do centenário da primeira edição de *História e consciência de classe* (doravante *HCC*) é uma data que vem sendo celebrada em círculos acadêmicos e políticos progressistas de praticamente todo o mundo[1].

As celebrações são justificadas: geralmente considerada como a mais importante produção do *jovem* Lukács, *HCC* tornou-se simultaneamente um ícone e uma espécie de "livro maldito" – como o qualificou Kostas Axelos – da bibliografia marxista. Mal saiu do prelo, foi alvo de elogios de talentosos intelectuais e socialistas posteriormente famosos (Ernst Bloch e Karl Korsch), de críticas de conhecidos teóricos social-democratas (Karl Kautsky) e de ácidas censuras de representantes do movimento comunista oficial (a Internacional Comunista, no seu V Congresso Mundial de 1924, pela voz de Grigori Zinoviev, condenou asperamente a obra[2]). Porém, por décadas, mesmo sem ser reeditado

[1] Este artigo é uma adaptação, feita por Artur Renzo com autorização do autor, de texto escrito especialmente para uma antologia peruana sobre o centenário do livro de Lukács: Óscar Martínez (org.), *100 años de* Historia y conciencia de clase (Lima, Ande, 2023). (N. E.)

[2] Por décadas permaneceu inédita a resposta direta de Lukács às duras críticas que recebeu dos círculos comunistas na sequência da publicação de *HCC*. Somente em 1996 veio à luz um documento (inconcluso) redigido pelo filósofo entre 1925 e 1926, defendendo – especialmente contra os ataques de Abram Deborin e László Rudas – as principais teses do livro publicado em 1923; ver György Lukács, *Reboquismo e dialética: uma resposta aos críticos de* História e consciência de classe (trad. Nélio Schneider, São Paulo, Boitempo, 2015). No mesmo ano em que *HCC* foi publicado, editou-se em Berlim outra obra seminal – ver Karl Korsch, *Marxismo e filosofia* (trad.

(*HCC* só teve uma segunda edição em 1960, como veremos adiante), a obra de 1923 exerceu, quase subterraneamente, uma enorme influência: ainda no final da década de 1920, Walter Benjamin leu-a com entusiasmo e, nos anos seguintes, já surgem claros sinais de que ela poderia estar na origem do que depois será conhecido como *marxismo ocidental*. Contudo, seus influxos sobre a cultura europeia se tornaram mais visíveis a partir dos anos 1950, quando, na Alemanha, Leo Kofler e, na França, Maurice Merleau-Ponty deram-lhe especial atenção. Desde então, *HCC* foi reconhecido como um marco referencial na bibliografia marxista e em torno do livro acumulou-se uma imensa documentação, muito diferenciada e plural, que comprova a sua indesmentível relevância no grande patrimônio da cultura revolucionária.

Esta breve nota procura tão somente evocar a grandeza e os limites de *HCC* – e pretende fazê-lo o mais didaticamente possível, indicando apenas alguns dos traços que tornaram esse livro um monumento inarredável da tradição marxista.

1. *HCC*: obra da juventude de Lukács?

HCC foi concluído em fins de 1922 e publicado no ano seguinte, em Berlim, pela editora Malik, como o volume 9 da sua "Pequena biblioteca revolucionária". Com um prólogo do autor, escrito em Viena no Natal daquele ano, seus oito "Estudos sobre a dialética marxista" e o seu índice, o livro compunha-se de 343 páginas, numa produção gráfica bastante modesta[3].

Quando a obra saiu à luz, Lukács era um nome bem conhecido por grandes intelectuais alemães, como os consagrados Georg Simmel e Max Weber, e por inquietos jovens húngaros, como Arnold Hauser,

José Paulo Netto, Rio de Janeiro, Ed. UFRJ, 2008); o livro, de que também agora se comemora o centenário, foi igualmente "condenado" por Zinoviev.

[3] Dos oito ensaios publicados em *HCC*, três foram elaborados no curso do ano de 1922 – "A reificação e a consciência do proletariado", este o mais denso dentre todos, "Notas críticas sobre a *Crítica da Revolução Russa*, de Rosa Luxemburgo" e "Observações metodológicas sobre a questão da organização" – e cinco já haviam sido dados à luz, mas foram significativamente ampliados/revisados para a edição do livro em 1923: "O que é marxismo ortodoxo?" (março de 1919), "A mudança de função do materialismo histórico" (junho de 1919), "Consciência de classe" (março de 1920), "Legalidade e ilegalidade" (julho de 1920) e "Rosa Luxemburgo como marxista" (janeiro de 1921). Vale lembrar que é de 1919 a publicação do primeiro livro de ensaios expressamente marxista de Lukács – ver György Lukács, *Táctica y ética. Escritos tempranos (1919-1929)* (Buenos Aires, El cielo por assalto, 2005). Aliás, foi em *Táctica y ética* que saiu a primeira versão de "O que é marxismo ortodoxo?".

Karl Mannheim e Eugene Varga, aos quais o futuro reservaria uma destacada trajetória intelectual e política. Com 38 anos completados em 1923, Lukács já publicara obras importantes – *A alma e as formas* (1910), *História do desenvolvimento do drama moderno* (redigido em 1908, logo agraciado com o Prêmio Cristina da Sociedade Kisfaludy e editado em 1911) e *A teoria do romance* (escrito no inverno de 1914-1915 e editado originalmente num periódico, em 1916 e, em 1920, como livro). De fato, desde o fim da primeira década do século XX, um seleto círculo intelectual reconhecia e admirava o talento de Lukács como historiador, crítico e filósofo da arte, sistematicamente dedicado a estudos estéticos sob a influência inicial do neokantismo e depois inspirado por Hegel. Se alguns protagonistas desse círculo intelectual se surpreenderam com a publicação de *HCC*, a verdade é que o livro não provocou estranheza àqueles que à época acompanharam e compreenderam a evolução ideopolítica de Lukács durante e imediatamente após a Primeira Guerra Mundial.

Com efeito, no curso dessa guerra, a que Lukács se opôs desde o início, o seu pensamento – originalmente carregado de ideias anticapitalistas e desde 1914 opositor do belicismo e do chauvinismo deflagrados pelo conflito bélico – derivou numa trágica tensão interna que acabou por encontrar uma solução positiva com a eclosão da Revolução de Outubro de 1917. O filósofo vislumbrou no nascimento da República dos Sovietes a alternativa para a crise civilizatória de que a barbárie da guerra era a prova mais brutal e indesmentível. Foi quando ele fez a opção que determinou a maior e mais decisiva inflexão da sua longa vida: a 2 de dezembro de 1918, ingressou no Partido Comunista da Hungria, criado semanas antes. Nas suas palavras: "*Tornar-me comunista foi a maior viragem, a mais importante conquista da minha evolução pessoal*"[4].

Na condição de intelectual e militante comunista, Lukács participou com destaque do processo revolucionário de que emergiu a República Húngara em março de 1919 e resistiu por apenas 133 dias – ocupou altos cargos governamentais, esteve na frente bélica de defesa da

[4] György Lukács, *Pensamento vivido: autobiografia em diálogo* (trad. Cristina Alberta Franco, São Paulo/Viçosa, Ad Hominem/UFV, 1999), p. 15, grifo nosso. Quase simultaneamente ao ingresso de Lukács no Partido Comunista, um periódico húngaro publicou um pequeno ensaio, que o filósofo redigira meses antes, em que afirmava que, do ponto de vista ético, ser-lhe-ia impossível aderir ao bolchevismo – ver o texto "El bolchevismo como problema moral" na coletânea de György Lukács, editada por Miguel Vedda, *Acerca de la pobreza de espíritu y otros escritos de juventud* (Buenos Aires, Gorla, 2015).

República e, com a vitória dos reacionários liderados pelo almirante Miklós Horthy em agosto, viu-se obrigado (para escapar à brutal repressão desencadeada pelo novo regime, que o condenou à morte) a exilar-se na Áustria, onde viveu até 1929[5]. Nesses anos, o filósofo – já casado com Gertrud Bortstieber, a sua companheira de vida (a quem dedicou *HCC*) – cumpriu tarefas na organização partidária com viagens clandestinas à Hungria, ganhou importância nas lutas internas do partido e compareceu, noutros países, a reuniões do Movimento Comunista Internacional (MCI), em cuja imprensa interveio ativamente.

A adesão de Lukács às ideias marxistas e o seu ingresso na luta revolucionária alteraram radicalmente a sua vida, tanto no plano material quanto no espiritual. Em termos materiais, o filósofo, que provinha de um alto estrato de classe nobilitado pelo Império Austro-Húngaro e que até então nunca tivera quaisquer problemas financeiros, passou a viver muito modestamente como funcionário da Internacional Comunista. No plano espiritual, as influências que operavam sobre o seu pensamento – de Kant, dos neokantianos e dos clássicos do idealismo subjetivo alemão, a que se seguiram os seus estudos iniciais de Hegel[6] – viram-se deslocadas por concepções de Rosa Luxemburgo, de Ervin Szabó, de Georges Sorel e de Lênin. Basta nomear esses novos interlocutores para que logo fique evidente que os primeiros passos de Lukács no âmbito do pensamento revolucionário e da tradição marxista revelavam-se uma problemática mescla teórico-ideológica.

Ao tempo em que Lukács ingressou no Partido Comunista, reinava no interior do movimento comunista a expectativa de que o processo revolucionário aberto com a vitória dos bolcheviques na Rússia envolveria, no mais curto prazo, outros importantes países europeus.

---

[5] Sobre o processo revolucionário de que Lukács participou, ver Francis Ludwig Carsten, *Revolution in Central Europe. 1918-1919* (Berkeley, University California Press, 1972); András Siklós, *Revolution in Hungarian and the Dissolution of the Multinational State 1918* (Budapeste, Akadémiai Kiadó, 1988); András B. Göllner (org.), *The Forgotten Revolution: The 1919 Hungarian Republic of Councils* (Montreal, Black Rose Books, 2022).

[6] Lukács não avançou somente no domínio da filosofia – mudanças inclusive ocorreram nos seus referenciais literários: a sua verdadeira devoção a Dostoiévski, própria do seu quadro anímico na abertura dos anos 1910, também se esbateu. Sabe-se, com base em sua correspondência, que ele, concluída *A teoria do romance*, pretendia elaborar um livro sobre Dostoiévski, que acabou por não escrever, mas para o qual fez uma série de anotações, só publicadas postumamente – ver György Lukács, *Dostoevskij* (Milão, SE, 2000). Assinale-se que o filósofo, já na condição de marxista, várias vezes pronunciou-se sobre o romancista russo – ver, p.e., o texto "Dostoievski", datado de 1943, em seus *Ensayos sobre el realismo* (Buenos Aires, Siglo Veinte, 1965).

Essa projeção otimista revelou-se ilusória já na entrada dos anos 1920 – especialmente com o refluxo das ocupações de fábricas pelos trabalhadores na Itália do norte (o *biennio rosso* de 1919-1920) e com o fracasso, na Alemanha, da ação de março (tentativa revolucionária de 1921, apoiada pelo filósofo) – e demonstrou-se inteiramente esgotada em 1923. Saliente-se, porém, *que todos os ensaios reunidos em* HCC *foram redigidos com o autor confiando plenamente em que aquela projeção haveria de se concretizar em curtíssimo prazo*.

Mas, afinal, seria *HCC* obra do *jovem* Lukács? Quando se trata de pensadores relevantes que produziram obras importantes ao longo da vida – e não importam as suas posições no espectro ideopolítico, que podem ser as mais diversas –, é frequente distinguir entre as suas obras de juventude e as da sua plena maturidade no caso de estas apresentarem sensíveis diferenças; mas é preciso sublinhar que essa distinção é também um procedimento que comporta grandes riscos[7]. Este é, como se sabe, procedimento comum – o próprio Lukács, na segunda metade dos anos 1930, estudou o *jovem* Hegel; nos anos 1950 e seguintes, vários pesquisadores, inclusive o mesmo Lukács, voltaram a sua atenção para o *jovem* Marx; e filósofos cuidaram da peculiar elaboração do *jovem* (ou primeiro, diferenciado do segundo) Wittgenstein. Observe-se que, nestes e noutros casos, consideraram-se anos de juventude desses pensadores os decorridos até por volta dos seus 30/35 anos – e já indiquei que *HCC* teve seus primeiros escritos elaborados entre 1919 e 1922 e

---

[7] A distinção, em si mesma, não é problemática – mas se torna problemática se a análise não recuperar com precisão o que é efetivamente diverso e não diverso na evolução do pensador em questão. No caso de autores de grande estatura intelectual, já se observou que "é sempre perigoso, se não arbitrário, dividir os filósofos em 'o jovem X' e 'o maduro X' [...]. *Os principais contornos de uma ideia sintetizadora fundamental podem – e devem – estar presentes na mente do filósofo quando ele elabora, em um texto específico, algumas de suas implicações concretas em contextos particulares. Essa ideia pode passar, é claro, por mudanças significativas; os próprios contextos particulares requerem constantes reelaborações e modificações em consonância com as características específicas das situações concretas que têm de ser levadas em conta. Mas até mesmo uma conversão genuína do 'idealismo' para o 'materialismo' não implica necessariamente uma rejeição ou a repressão radical da ideia sintetizadora original*. Um bom exemplo disso no século XX é György Lukács. Suas obras pós-idealistas revelam, na abordagem de todos os grandes problemas, a mesma estrutura de pensamento, embora ele tenha genuinamente deixado para trás seus posicionamentos idealistas originais"; István Mészáros, *O conceito de dialética em Lukács* (trad. Nélio Schneider, São Paulo, Boitempo, 2016), p. 33; os itálicos não constam do original. Foi decerto reconhecendo a vigência, ao longo de toda a sua trajetória, de uma *ideia sintetizadora original*, que o filósofo, quase ao fim dos seus dias, foi bem assertivo: "Minha vida forma uma sequência lógica. Acho que no meu desenvolvimento não há elementos inorgânicos"; György Lukács, *Pensamento vivido*, cit., p. 83.

saiu, com textos revisados/ampliados, em formulação conclusiva, em 1923, quando Lukács completava 38 anos. Em termos cronológicos, a sua juventude, ao que parece, foi bem prolongada aos olhos da maioria dos pesquisadores, em comparação a Hegel, Marx e Wittgenstein. Evidentemente, os marcos cronológicos não são aqui decisivos – decisivo é o tratamento que se confere ao que István Mészáros designou como ideia sintetizadora fundamental. Ora, no caso específico que é do meu interesse – o caso de Lukács –, todos os estudos mais expressivos da sua evolução intelectual indicam sem dúvidas a continuidade (como gostava de qualificar o falecido Mészáros, uma "continuidade dialética") daquela "ideia sintetizadora fundamental"[8].

Reitero: aqui o decisivo não são meros apontamentos cronológicos, importantes como índices externos da evolução dos autores – o que importa considerar, do modo mais rigoroso possível, é o exame da processualidade imanente ao pensamento dos autores, que pode demonstrar a continuidade e/ou a descontinuidade das suas elaborações[9]. Sob esse aspecto crucial, julgo que a obra de Lukács, a partir da sua adesão às ideias de Marx, em 1918, ergue-se como um monumento teórico de caráter unitário-dialético – vale dizer, uma unidade que sintetiza diversidades. A grande e profunda inflexão que o pensamento de Lukács experimentou quando do seu ingresso no movimento comunista é o divisor de águas entre o que ele escreveu depois de 1918 e toda a sua produção anterior (que não perde, com isso, o seu valor próprio nem significa o abandono da sua "ideia sintetizadora original", como Mészáros observou certeiramente).

Considero, assim como outros estudiosos, que há de fato um *jovem* Lukács, com o pensamento do filósofo e suas concepções expressos na sua obra até 1917-1918; nesta oportunidade, não posso me deter no tratamento que, em outros escritos, ofereci dessa inflexão que

[8] Ver István Mészáros, *O conceito de dialética em Lukács*, cit.; Nicolas Tertulian, *Georg Lukács: etapas de seu pensamento estético* (trad. Renira Lisboa de Moura Lima, São Paulo, Unesp, 2008); e Guido Oldrini, *György Lukács e i problemi del marxismo del novecento* (Nápoles, Città del Sole, 2009).

[9] Foram inúmeras as propostas que diferentes pesquisadores apresentaram para estabelecer os períodos evolutivos do pensamento lukacsiano – ver, p.e., o prólogo de Peter Ludz a György Lukács, *Sociología de la literatura* (Barcelona, Península, 1968); Henri Arvon, *Georg Lukács* (Barcelona, Fontanella, 1968); José Paulo Netto, "Lukács: tempo e modo" [introdução] em *Lukács: Sociologia*, v. 20 (São Paulo, Ática, 1981, coleção Grandes cientistas sociais). Atualmente, considero como a mais esclarecedora, dentre tais propostas, a de Oldrini (ver o seu importante livro citado na nota precedente).

distingue óbvia e nitidamente o *jovem* Lukács do Lukács marxista. Contudo, de um ponto de vista textual, devo assinalar que entendo que a última elaboração juvenil significativa do filósofo foi o ensaio, publicado entre 1917 e 1918, "A relação sujeito-objeto na estética"[10]. Isso não significa que, depois de 1918, o pensamento lukacsiano tenha desconhecido transformações de vulto – mas estas não podem ser tratadas nesta breve nota[11].

Em resumo: a meu juízo, decerto sujeito a polêmicas, estou seguro de que *HCC* não é parte da obra do *jovem* Lukács – é componente da sua produção que transcende os parâmetros dos seus textos juvenis.

2. A grandeza de *HCC*

Antes de mais, deve-se lembrar que a obra de 1923 só ganhou uma reedição, em livro, na França, em 1960[12] – até então, apenas poucos especialistas tinham acesso direto a ela. Tão logo saiu, a edição francesa foi objeto de seguidas reimpressões, apesar dos protestos do autor, que a desautorizou publicamente. Somente em março de 1967, quando redigiu um substantivo prólogo à obra, a que darei a devida atenção mais adiante, Lukács autorizou uma segunda edição de *HCC*, que passou a circular na Itália e na Alemanha e pouco depois foi traduzida para o inglês e outros idiomas, conquistando um público letrado mais amplo. Só então, a partir de meados dos anos 1960, *HCC* deixou de ser uma raridade bibliográfica, muito citada e pouco lida.

O reconhecimento da grandeza de *HCC*, no conjunto da obra de Lukács, é algo já consensual na história do desenvolvimento da tradição marxista – mas estão longe de ser consensuais os traços constitutivos próprios e específicos dessa grandeza (como também é diverso o tratamento que a crítica ofereceu a outros textos lukacsianos publicados no curso da década de 1920). Ademais, a meu juízo, *os notáveis*

---

[10] "La relación sujeto-objeto en la estética", disponível em György Lukács, *Acerca de la pobreza de espíritu y otros escritos de juventud*, cit.

[11] Aludi a tais transformações num texto publicado há uma década – ver José Paulo Netto, "O *Moses Hess* de Lukács", em Marcos Del Roio (org.) et al., *György Lukács e a emancipação humana* (São Paulo, Boitempo/FAPESP, 2013), p. 40-4; e as explorei mais em minha recente apresentação ("Lukács – o longo caminho até a *Estética*") ao volume 1 da *Estética* lukacsiana, a sair ainda este ano pela Boitempo. O leitor mais interessado nelas pode consultar Guido Oldrini, *György Lukács e i problemi del marxismo del novecento*, cit., e, sob outra óptica, László Sziklai, *After the Proletarian Revolution: Georg Lukács Marxist Development, 1930-1945* (Budapest, Akadémiai Kiadó, 1992).

[12] Traduzida por Kostas Axelos e Jacqueline Bois, *Histoire et conscience de classe* (Paris, Minuit, 1960).

méritos dessa obra não podem ser avaliados se, ao mesmo tempo, não se evidenciarem os seus aspectos problemáticos e mesmo equivocados; contudo, nesta breve nota, por razões meramente didático-expositivas, vou tangenciá-los em separado – depois, seguindo o próprio Lukács, indicarei os seus limites.

Entendo que os preciosos avanços teórico-filosóficos e as proposições ideopolíticas de *HCC* residem, em íntima conexão, em duas das suas dimensões axiais: no plano *teórico-filosófico* e no plano *eminentemente político*; essas dimensões estão estreitamente ligadas e componentes comuns se encontram em ambas.

No primeiro desses planos, o teórico-filosófico, Lukács dirige centralmente a sua crítica ao chamado *marxismo da Segunda Internacional*, imperante nos meios social-democratas e mesmo bolcheviques desde os últimos anos do século XIX[13]. Essa crítica é, de fato, uma das traves-mestras de *HCC*: o marxismo dominante na Segunda Internacional, reduzindo as ideias de Marx ao sociologismo/determinismo típicos das formulações de Gueorgui Plekhanov e Karl Kautsky, é um dos alvos mais feridos pela crítica lukacsiana – e com uma particularidade relevante: Lukács, ao tratar esse marxismo contaminado pelo positivismo/cientificismo, e pelo evolucionismo linear que é próprio a essa tendência, enfrenta, simultânea e rigorosamente, o *revisionismo* que, em especial com a repercussão das ideias de Eduard Bernstein, ganha forte influência entre os social-democratas. Um dos pontos relevantes desse tratamento lukacsiano é justamente a compreensão de que o revisionismo de Bernstein e outros

[13] Esclareço o qualificativo "centralmente": Lukács não restringe sua crítica apenas a social-democratas e bolcheviques – em passagens fundamentais de *HCC*, ele aborda figuras importantes como Max Weber. Aliás, as complexas relações entre Lukács e Weber já foram objeto de inúmeros estudos muito diferenciados; indico ao leitor interessado, dentre vários deles, uns poucos: Maurice Weyenbergh, "Max Weber et Georg Lukács", *Revue International de Philosophie*, *PUF*, Bruxelles, n. 106 (dedicado a Lukács), 1973; Zoltán Tarr & Judith Marcus, "The Weber-Lukács Encounter", em Ronald Glassman & Vatro Murvar (orgs.), *Max Weber's Political Sociology: A Pessimist Vision of a Rationalized World* (Westport, Praeger, 1984); Árpád Kadarkay, "The Demonic Self: Max Weber and Georg Lukács", *Hungarian Studies*, Budapest, Akadémiai Kiadó, v. 9, n. 1-2, 1994; Mariana O. N. Teixeira, "Considerações biográfico-intelectuais sobre um diálogo vivo: Georg Lukács e Max Weber na Heidelberg do início do século XX", *Ideias*, Campinas, IFCH/Unicamp, v. 1, n. 2, 2010, p. 98-119. Para este tema, é muito útil o recurso a Frédéric Vandenberghe, *Une histoire critique de la sociologie allemande* (Paris, La Découverte, I-II, 1997-1998). Não posso me deter aqui no "marxismo da Segunda Internacional", que analisei em vários de meus escritos anteriores e que *nunca constituiu algo homogêneo e indiferenciado*; dentre muitas leituras sobre este objeto, sugiro que o leitor recorra aos textos pertinentes (especialmente de L. Sochor, V. Gerratana, A. Arato, I. Getzler e M. L. Salvadori), coligidos por Eric J. Hobsbawm em *Historia del marxismo*, v. 3, 4 e 5 (Barcelona, Bruguera, 1979), e à obra de Predrag Vranicki, *Historia del marxismo*, v. 1 e 2 (Salamanca, Sígueme, 1977).

é conatural ao que parecia ser a sua – dos revisionistas – crítica operada formalmente pela "ortodoxia" de viés positivista de Kautsky.

Pois bem: há que assinalar, à partida e enfaticamente, um dos ganhos essenciais – *essenciais*, nada formais – de *HCC*: a cristalina determinação da ortodoxia em matéria de marxismo, determinação teórico-metodológica que reduz a pó qualquer identificação sua com a "ortodoxia" de Kautsky e as tendências dogmáticas que posteriormente vicejaram no campo marxista. Em *HCC*, a formulação da ortodoxia limita-se "exclusivamente ao *método*"; "não significa, portanto, um reconhecimento sem crítica dos resultados da investigação de Marx, não significa uma 'fé' numa ou noutra tese, nem a exegese de um livro 'sagrado'"[14].

Essa determinação ganha suas plenas inclusividade e significação quando Lukács esclarece o que é decisivo para apreender, no método de investigação/pesquisa próprio de Marx, o seu caráter revolucionário: a categoria da *totalidade*.

Diga-se de passagem, ambas as determinações – quer da ortodoxia, quer da categoria de totalidade –, medularmente relacionadas, foram conservadas no pensamento de Lukács ao longo de toda a sua obra posterior a *HCC*, com destaque para a problemática da totalidade. Porém, o que importa salientar antes de prosseguir nesta breve nota é que Lukács estabelece em *HCC*, apoiado em categorias filosóficas, uma relação negativa – ou, se se quiser, uma relação de excludência – entre o marxismo e a "ciência burguesa": no domínio da análise sócio-histórica, a "nova ciência" fundada por Marx constituiria *a* ciência social, donde, entre outras implicações, a infirmação das pretensões científicas da sociologia ("burguesa") desenvolvida pelos mestres de que se aproximara anteriormente (Simmel e Weber[15]).

Essas determinações sobre a ortodoxia metodológica e a categoria da totalidade, bem como suas incidências no que Lukács designa como a "nova ciência" – isto é, a teoria de Marx –, figuram expressamente nos dois primeiros ensaios de *HCC*, mas subjazem ao conjunto da argumentação expendida ao longo do livro. No segundo deles, Lukács se volta para *A acumulação de capital* – e analisa a obra de Rosa Luxemburgo considerando-a, juntamente ao lenineano *O Estado e a*

[14] Georg Lukács, *História e consciência de classe: estudos sobre a dialética marxista* (trad. Rodnei Nascimento, São Paulo, Martins Fontes, 2003), p. 64.

[15] Estudei esta *relação de excludência* num velho ensaio dos anos 1970, "Lukács e a sociologia", *Revista Contexto*, São Paulo, Hucitec, n. 1, nov. 1976. Cabe assinalar que, nos seus últimos anos de vida, Lukács apreciou com simpatia contribuições de sociólogos "críticos" (p.e., C. Wright Mills).

revolução, o começo de um "renascimento teórico do marxismo"[16]. Lukács sustenta a superioridade teórica de Rosa Luxemburgo em face de seus contemporâneos (os "marxistas legais" russos, Bernstein, Otto Bauer e outros –, diante, enfim, da vulgarização do marxismo operada no âmbito da Segunda Internacional): argumenta que tal superioridade, com marcadas implicações éticas[17], radica na sua correta compreensão e incorporação da concepção da dialética marxiana e inclusive do próprio estilo expositivo de Marx. Lukács louva em Rosa Luxemburgo a apreensão adequada da categoria de totalidade; no ensaio a que aludo agora, o filósofo assinala que ela, mediante a perspectiva assegurada por essa categoria, pôde alcançar "a unidade dialética da teoria e da práxis"[18]. Noutro ensaio de *HCC*, a que me referirei mais à frente, o filósofo voltará a tratar de Rosa Luxemburgo.

Em *HCC*, o texto que se segue ao que acabei de abordar tem por título "Consciência de classe"[19]. Resgatando reflexões de Marx e Engels (e polêmicas de ambos relativamente a Hegel), Lukács elabora a sua própria concepção acerca da consciência histórico-social que as classes sociais podem desenvolver: conferindo um papel extremamente relevante à consciência na ação social[20], o

[16] Georg Lukács, *História e consciência de classe*, cit., p. 117. É interessante notar que essa ideia de um "renascimento do marxismo" – que o Lukács de 1923 utiliza aqui para assinalar a superação que Rosa Luxemburgo e Lênin operaram das vulgarizações do marxismo ocorridas sob a Segunda Internacional – será retomada pelo filósofo quarenta anos depois, como necessária para superar a estagnação da teoria marxista que se verificou durante o período stalinista; essa retomada é registrada, a partir de 1962, em várias ocasiões, e estudiosos de Lukács evocam algumas delas (ver, p.e., o prefácio de Alberto Scarponi a György Lukács, *L'uomo e la democrazia* (Roma, Lucarini, 1987) e o de István Eörsi a György Lukács, *Pensamento vivido*, cit.). Aliás, no prólogo de 1967 à reedição autorizada de *HCC*, o filósofo mesmo se referiu ao que considerava as "vésperas de um renascimento do marxismo"; Ibidem, p. 29.

[17] Noutro passo deste ensaio, Lukács afirma que, no pensamento de Rosa Luxemburgo, "a consciência de classe é a 'ética' do proletariado, a unidade de sua teoria e de sua práxis"; ibidem, p. 129; na abertura da seção IV deste mesmo ensaio, o filósofo faz breves mas relevantes considerações sobre a fundamentação ética do socialismo; ibidem, p. 122-24. Já a problemática da *consciência de classe* é tratada no ensaio homônimo que se segue imediatamente àquele a que estamos nos referindo aqui; ibidem, p. 133-92 – embora, originalmente, a sua redação seja anterior (ver, *supra*, a nota 3).

[18] Ibidem, p. 125.

[19] Ibidem, p. 133-92.

[20] A relevância da (verdadeira) consciência de classe do proletariado é sublinhada por Lukács: "Desde que a crise econômica final do capitalismo entrou em cena, *o destino da revolução* (e com ela o da humanidade) *depende da maturidade ideológica do proletariado, da sua consciência de classe*."; Ibidem, p. 174.

filósofo sustenta que é na sociedade burguesa (isto é, sob o capitalismo) que as classes sociais podem desenvolver a sua consciência histórico-social – mas somente ao proletariado se abre a possibilidade de ascender a uma consciência de classe verdadeira: para a burguesia, uma tal consciência não é acessível. A consciência de classe proletária – para cuja constituição o materialismo histórico tem uma função decisiva – não se identifica a um fenômeno de natureza psicológica nem se expressa na situação empírico-imediata de cada proletário: trata-se da consciência que pode ser *teoricamente atribuída* ao proletariado[21].

Neste plano teórico-filosófico, a grandeza de *HCC* pode ser resumida em poucas palavras: é mérito de Lukács haver recuperado, ademais de uma reavaliação do contributo da dialética hegeliana, a problematização filosófica de Marx – e de ter realizado essa recuperação quando ainda eram inéditos os pertinentes textos marxianos[22]. A problematização filosófica do *jovem* Marx, assim como a sua crítica a Hegel – ambas elaboradas entre 1843 e 1844 –, foram praticamente ignoradas pelos teóricos da Segunda Internacional, de Plekhanov a Kautsky (e por Bernstein, para quem a dialética não era mais que uma "armadilha"); de fato, somente Lênin, durante o início da Primeira Guerra Mundial, trabalhou a relevância da obra de Hegel[23]. O tratamento que a problemática filosófica – em Hegel e em Marx – recebeu em *HCC*, por mais que tenha recebido justas críticas posteriores (e

---

[21] Esta *consciência atribuída* – que comparece em *HCC* distinta da consciência individual dos proletários – é uma das ideias mais importantes contidas na obra de 1923 e já foi objeto de inúmeros debates. Dada a brevidade desta nota, limito-me a assinalar que, na consciência atribuída, a "relação com a totalidade concreta e as determinações dialéticas dela resultantes superam a simples descrição e chega-se à categoria da possibilidade objetiva. Ao se relacionar a consciência com a totalidade da sociedade, torna-se possível reconhecer os pensamentos e os sentimentos que os homens *teriam tido* numa determinada situação da sua vida, *se tivessem sido capazes de compreender perfeitamente* essa situação e os interesses dela decorrentes, tanto em relação à ação imediata, quanto em relação à estrutura de toda a sociedade conforme esses interesses. Reconhece, portanto, entre outras coisas, os pensamentos que estão em conformidade com sua situação objetiva. Essa consciência não é, portanto, nem a soma, nem a média do que cada um dos indivíduos que formam a classe pensam, sentem etc."; Ibidem, p. 141-2.

[22] Lembremos que tais textos (os *Manuscritos econômico-filosóficos de 1844*, de Marx, e *A ideologia alemã*, parceria de Marx e Engels) permaneceram inéditos na sua integralidade até quase dez anos depois da publicação de *HCC*: só vieram à luz em 1932.

[23] Mas as importantíssimas reflexões lenineanas sobre Hegel também não eram conhecidas ao tempo em que Lukács redigiu *HCC*; elas só foram publicadas em 1929 – ver Vladímir Lênin, *Cadernos filosóficos* (trad. José Paulo Netto, São Paulo, Boitempo, 2018).

algumas autocríticas lukacsianas), renovou fecundamente a pesquisa relativa ao desenvolvimento da reflexão marxista.

Com efeito, a recuperação de Hegel que Lukács operou em *HCC* não passa sem problemas, como será visto mais adiante. Mas desde já deve ser observado que a obra retoma a equivocada tese hegeliana, porquanto de fundo idealista, da identidade sujeito-objeto no processo do conhecimento, sustentando que, na "nova ciência", o proletariado enquanto classe concretizava plenamente tal identidade. Nessa recuperação, Lukács – em um aspecto específico colidindo com o pensamento de Hegel – excluiu a vigência da dialética na cognição da natureza[24], confrontando-se diretamente com Engels; para o Lukács de *HCC*, o método dialético só é cabível no conhecimento da história e da sociedade[25].

Quanto à recuperação da problemática filosófica própria de Marx – que, também como se aludirá mais à frente, não está imune a reparos –, *HCC* tem imenso mérito. Já indiquei que figuras teóricas exponenciais da Segunda Internacional não contribuíram minimamente para a sua análise e compreensão. A razão desse fato não reside apenas em terem permanecido inéditos, à época, textos fundamentais do *jovem* Marx; reside ainda e sobretudo nas concepções filosóficas básicas dos "ortodoxos" Plekhanov e Kautsky, pouco sensibilizados para o estudo de Hegel – estes dois marxistas, pela sua formação prévia[26], estavam muito marcados pela ideia, bastante generalizada após as revoluções de 1848, de que o autor da *Fenomenologia do espírito* era uma espécie de "cão morto". Não foi por acaso que, também de algum modo sugestionados pela ideia de um Hegel "cão morto", outros marxistas sérios – como vários dos representantes do austro-marxismo – trataram de buscar fundamentos para a filosofia de Marx no kantismo e seus derivados[27].

24 Na obra de 1923, Lukács sustenta que "a natureza é uma categoria social". Georg Lukács, *História e consciência de classe*, cit., p. 431.

25 Obviamente, Lukács não cita a *Dialética da natureza* – esta obra de Engels foi publicada em edição póstuma (1925); a referência do filósofo é a uma passagem que se encontra em Friedrich Engels, "Ludwig Feuerbach y el fin de la filosofía clásica alemana", *Cuadernos de Pasado y Presente*, Córdoba, n. 59, 1975, p. 49. A concepção de Lukács sobre a abrangência e a peculiaridade dos processos dialéticos terá um desenvolvimento específico em *Para uma ontologia do ser social* (trad. Nélio Schneider, São Paulo, Boitempo, 2013).

26 Sobre Plekhanov, ver o ensaio de Vittorio Strada em Vários autores, *Histoire du marxisme contemporain* (Paris, UGE, 1977), t. 3; sobre Kautsky, ver, na mesma obra (1976, t. 1), os estudos de M. Salvadori e R. J. Geary.

27 Penso especialmente nos autores que participaram dos cinco volumes dos *Marx-Studien* que, entre 1904 e 1923, editaram-se em Viena sob a iniciativa de Max Adler e Rudolf Hilferding (vo-

Esta recuperação da problemática filosófica de Marx, operada em *HCC*, foi duplamente original – original seja pelo procedimento analítico de Lukács, seja pela criatividade teórico-filosófica. No que diz respeito ao seu procedimento analítico, Lukács partiu especialmente (dado o desconhecimento dos escritos do *jovem* Marx, até então inéditos) de textos marxianos "maduros" (de 1847, *Miséria da filosofia*; de 1859, *Contribuição à crítica da economia política*; e ainda de inúmeras passagens de *O capital*, 1867/1885/1894) para inferir e esclarecer o desenvolvimento filosófico de Marx na década de 1840.

É certo que depois da publicação, em 1932, dos *Manuscritos econômico-filosóficos* e de *A ideologia alemã*, tornou-se possível aos analistas da obra marxiana efetuar um estudo mais detalhado do desenvolvimento teórico-filosófico do *jovem* Marx, não somente com o conhecimento de seus textos fundamentais como, ainda, amparado em sucessão cronológica segura. Foi exatamente sobre essa base que o próprio Lukács escreveu em 1954 e publicou no ano seguinte seu ensaio sobre a evolução filosófica do jovem Marx, entre 1840 e 1844[28]; importa observar que já então a análise lukacsiana cancelava a equivocada ideia, explorada sobretudo nos anos 1960 por Louis Althusser, de um "corte epistemológico" a separar o Marx "filósofo" (o *jovem* Marx) do Marx "cientista" (o Marx *maduro*)[29]. Se se compara o procedimento analítico de Lukács em *HCC* e o realizado por ele mesmo em 1954, verifica-se quer o pioneirismo de 1923, quer a coerência/consequência das suas principais teses em 1954.

A criatividade teórico-filosófica acima referida comparece inquestionavelmente no longo e denso ensaio "A reificação e a consciência

---

lumes reeditados em 1971 pela casa Detlev Auvermann, de Taunus). Sobre o *austro-marxismo*, ver, na já citada *Historia del marxismo*, organizada por Hobsbawm, os ensaios de Perez Mehrav e Giacomo Marramao e, deste último, a obra *Austromarxismo e socialismo di sinistra tra le due guerre* (Milano, La Pietra, 1977). Um estudo recente de N. Gómez Velázquez ("El marxismo como filosofía, Kant *vs.* Hegel: un debate histórico y su destino", *Estudios del desarrollo social*, Havana, Universidad de la Habana, v. 10, n. 2, maio-ago. 2022) cuidou da relação de marxistas com o kantismo e o neokantismo.

[28] György Lukács, "O jovem Marx. Sua evolução filosófica de 1840 a 1844", em *O jovem Marx e outros escritos de filosofia* (trad. Carlos Nelson Coutinho e José Paulo Netto, Rio de Janeiro, Ed. UFRJ, 2007).

[29] Mais de dez anos depois, em uma passagem das suas entrevistas a Hans Heinz Holz, Leo Kofler e Wolfgang Abendroth, Lukács haveria de se referir ao "corte" *jovem* Marx/Marx da *maturidade* como uma "necedad histórica" [nesciedade histórica]; ver Hans Heinz Holz, Leo Kofler e Wolfgang Abendroth, *Conversaciones con Lukács* (Madrid, Alianza, 1971), p. 71 [ed. bras.: *Conversando com Lukács* (trad. Giseh Vianna Konder, São Paulo, Paz e Terra, 1969)].

do proletariado"[30]. Trata-se de um texto erudito, extremamente rico em sugestões para a crítica teórico-filosófica: Lukács analisa sobretudo a filosofia clássica alemã nas suas fontes tanto idealistas subjetivas (Kant) quanto idealistas objetivas (Hegel). A rigorosa e detalhada análise lukacsiana, avaliando as conquistas e os limites dos filósofos alemães, examina o fenômeno da *reificação* e desvenda as *antinomias do pensamento burguês*; no trato do fenômeno e das suas implicações, Lukács mostra como Marx superou o tratamento teórico-filosófico que o precedeu e procura determinar, considerando essa superação, *a posição do proletariado*. Toda a argumentação de Lukács tem por base as formulações de Marx sobre o fetichismo da mercadoria, explicitadas no item 4 do capítulo primeiro de *O capital*. Nesse ensaio, contudo, Lukács não se limita a uma análise das formulações marxianas. Retoma e explora exaustivamente a contribuição de Marx, mas *avança para além dela*: o filósofo elabora uma original *teoria da reificação*, que haveria, nas décadas seguintes, de influenciar fortemente o já aludido marxismo ocidental e mesmo analistas situados fora do espectro marxista. Como escrevi há muito, após o trato que receberam de Lukács em 1923, "as formulações marxianas sobre o fetichismo adquirem um estatuto específico. Deixam de ser um instrumento teórico-crítico para desvelar as notas distintivas da produção mercantil universalizada para se afirmarem como algo mais: como uma teoria setorial da positividade capitalista"[31].

Lukács recolhe de Marx um determinado instrumento teórico-crítico para decifrar "os segredos da mercadoria", mas faz dele a chave heurística para criticar a modalidade pela qual as relações humanas e as instituições sociais se apresentam imediatamente aos homens e às mulheres que vivem sob o capitalismo na forma de "coisas". Esse modo de aparição das relações e instituições oculta a sua objetividade real e instaura uma pseudo-objetividade (uma *falsa* positividade) na qual relações humanas e instituições sociais perdem completamente a sua historicidade. A radicalidade crítica, verdadeiramente inovadora, desse

[30] Georg Lukács, *História e consciência de classe*, cit., p. 193-412. Nos anos 1920, ao que sei, somente o notável economista Isaak I. Rubin, decerto ainda desconhecendo *HCC*, pesquisou a questão da reificação. Ver o seu *A teoria marxista do valor* (trad. José Bonifácio de S. Amaral Filho, São Paulo, Polis, 1987).

[31] Ver José Paulo Netto, *Capitalismo e reificação* (São Paulo, Instituto Caio Prado Jr., 2015), p. 119 (essa é a segunda edição de um ensaio publicado em 1981). Na imediata sequência dessa determinação, esclareci o estatuto dessa "teoria setorial" no âmbito da teoria social de Marx; ver o citado *Capitalismo e reificação*, p. 119-21.

desenvolvimento teórico-filosófico de Lukács, elaborado a partir do instrumento analítico que se encontra logo na abertura de *O capital*, é o melhor indicador da criatividade das reflexões contidas em *HCC*.

O ensaio que se segue em *HCC* – "A mudança de função do materialismo histórico"[32] – reproduz a conferência que Lukács pronunciou em junho de 1919 na inauguração do Instituto de Materialismo Histórico de Budapeste[33]. O filósofo sustenta que, "na época do capitalismo, portanto, o materialismo histórico era um instrumento de luta"[34], mas não "um fim em si mesmo, era um meio que permitia ao proletariado esclarecer uma situação e, nessa situação claramente conhecida, agir corretamente de acordo com sua situação de classe"[35]. Lukács entende que a chegada do proletariado ao poder – e era assim que ele compreendia o período revolucionário aberto com a vitória bolchevique na Rússia e no interior do qual se inseria a República Soviética Húngara – criava inéditas condições para o desenvolvimento do materialismo histórico e lhe conferia uma nova funcionalidade: a tarefa de indicar "o caminho que leva ao controle consciente, à dominação da produção e à liberdade em relação à pressão exercida pelas forças sociais reificadas"[36].

No plano teórico-filosófico, os textos de Lukács que tangenciei nos parágrafos precedentes dão uma pequena amostra das imensas relevância e originalidade de *HCC*. Entre o plano teórico-filosófico e o que abordarei mais adiante, o plano estritamente político, o ensaio "Legalidade e ilegalidade" (originalmente publicado em julho de 1920 e revisado em janeiro de 1922 para a versão editada em *HCC*)[37] se configura como um texto que articula os dois planos referidos.

---

[32] Georg Lukács, *História e consciência de classe*, cit., p. 413-64.

[33] Também a riqueza da argumentação desenvolvida nessa conferência não pode ser senão aludida aqui: ela envolve a diferença estrutural entre formações pré-capitalistas e formações capitalistas (e suas distintas implicações para as relações entre sociedade e natureza e para a filosofia, a religião e a arte), a questão do "retrocesso das barreiras naturais", o papel da violência na história etc.

[34] Lukács não nega a possibilidade do emprego do materialismo histórico ao estudo de sociedades pré-capitalistas, mas chama a atenção, neste caso, para os seus limites; escreveu ele: "não é nenhum acaso que exatamente a ordem social capitalista tenha se tornado o solo clássico de aplicação do materialismo histórico", mas a sua aplicação "a épocas pré-capitalistas" apresenta "uma dificuldade metodológica essencial e importante, que não aparece em sua crítica do capitalismo" – e, em seguida, esclarece essa "dificuldade"; Ibidem, p. 427-8.

[35] Ibidem, p. 416.

[36] Ibidem, p. 462-3.

[37] Saiba o leitor que, entre a publicação original de "Legalidade e ilegalidade" e a versão de 1922, Lênin (em 1920) já criticara duramente o esquerdismo de Lukács – ver György Lukács,

Nesse ensaio, o filósofo esclarece as causas e os motivos que levam os movimentos proletários a debater-se entre dois polos antitéticos: a *adesão acrítica à legalidade vigente* (própria dos oportunistas) e o *romantismo da ilegalidade* – e conduz a sua argumentação com a maestria característica de todos os passos de *HCC*[38] para advertir:

> O proletariado da Europa central e ocidental ainda tem um duro caminho pela frente. Para chegar à consciência de sua vocação histórica e à legitimidade do seu domínio vencendo todas as resistências, ele precisa, antes de tudo, aprender a compreender o caráter meramente tático da legalidade e da ilegalidade e afastar tanto o cretinismo legal quanto o romantismo da ilegalidade.[39]

Os dois ensaios com que se encerra *HCC*, ambos redigidos em 1922, são eminentemente de caráter político – mas com a recuperação de elementos constitutivos que comparecem no plano teórico-filosófico. Naquele intitulado "Notas críticas sobre a *Crítica da Revolução Russa*, de Rosa Luxemburgo"[40], Lukács sustenta que a autora a que tanto admira cometeu um erro substantivo na sua apreciação do processo capitaneado por Lênin, erro consistente na "*subestimação do papel do partido* na revolução, [a] subestimação da ação política consciente"[41]. Em poucas palavras, pode-se afirmar que, para Lukács, o cerne da crítica de Rosa Luxemburgo viu-se "refutad[o] pela própria história"[42]. Depois de várias considerações histórico-analíticas[43], Lukács chega ao que é decisivo nesse ensaio, "a oposição entre Lênin e Rosa Luxemburgo" – que o filósofo discute em detalhe[44], apontando inclusive

"Revolución socialista y antiparlamentarismo", *Cuadernos de Pasado y Presente/PyP*, Córdoba, n. 41, 1973, p. 151.

[38] Também aqui não é possível sumariar a argumentação expendida neste escrito breve – mas destaque-se o justo resgate da distinção marxiana entre *revolução política* e *revolução social* – ver Karl Marx, *Sobre a questão judaica* (trad. Nélio Schneider e Wanda Caldeira Brant, São Paulo, Boitempo, 2010); e Karl Marx e Bruno Bauer, *Sobre la liberación humana* (Buenos Aires, Ed. RyR, 2012), p. 175 e seg. Destaque-se também os seus desdobramentos ideológicos na crise do capitalismo já sob a ditadura do proletariado, que ocupam praticamente todas as páginas do sintético ensaio.

[39] Ibidem, p. 487.

[40] Ibidem, p. 489-522.

[41] Ibidem, p. 493.

[42] Ibidem, p. 496.

[43] Por exemplo, a argumentação sobre os respectivos traços pertinentes às revoluções burguesas e à revolução proletária. Ibidem, p. 505-8.

[44] Ibidem, p. 508 e seg.

o que julga serem as "mais flagrantes contradições"[45] da notável revolucionária polonesa. Lukács mantém a sua admiração pela argúcia e pela honestidade revolucionária de Rosa Luxemburgo; porém, no que toca às questões postas pela problemática da *organização política do proletariado*, criticando a visão do processo revolucionário formulada por Rosa Luxemburgo, o filósofo aponta para as soluções próprias de Lênin.

No último ensaio da obra lukacsiana de 1923, "Observações metodológicas sobre a questão da organização"[46], Lukács, não por acaso, utiliza como epígrafe uma frase de Lênin: "Não se pode separar mecanicamente as questões políticas das questões de organização". Na meia centena de páginas desse texto, o filósofo retoma a crítica a Rosa Luxemburgo que fizera no ensaio precedente, desenvolve considerações pertinentes ao evolver do movimento socialista do século XIX à entrada do século XX e expressa a sua convicção de que "só um partido revolucionário como o dos bolcheviques"[47] pode conduzir com êxito a ação que lhe exige a revolução proletária. Fica, pois, evidente a opção de Lukács pela formatação lenineana do partido revolucionário do proletariado[48].

3. Lukács: os limites de *HCC* e, apesar deles, a sua relevância

Nas páginas precedentes tentei resumir os traços pertinentes à grandeza de *HCC* – tendo assinalado, liminarmente, que tais traços não podem ser dissociados das suas limitações; ao essencial destas passarei agora, também de forma breve.

Na larga documentação sobre a obra lukacsiana de 1923 há, como é de notório conhecimento dos estudiosos de Lukács, incontáveis contribuições que tratam em detalhe dos seus conteúdos problemáticos e dos seus limites. Entretanto, a meu juízo, nenhum pesquisador

---

[45] Ibidem, p. 508, 516.

[46] Ibidem, p. 523-94.

[47] Ibidem, p. 521.

[48] Em referência à célebre formulação de Rosa Luxemburgo – "A liberdade é sempre a liberdade de quem pensa o contrário" –, Lukács escreve: "A liberdade [...] *tem de estar a serviço da dominação do proletariado, e não o contrário*. Só um partido revolucionário como o dos bolcheviques [...], só ele tem flexibilidade, capacidade de manobra e imparcialidade suficientes para avaliar as forças realmente atuantes, a fim de avançar, passando por Brest-Litovski, pelo comunismo de guerra daquela que foi a mais selvagem guerra civil, em direção a uma nova política econômica e, a partir dela (modificando novamente a situação de poder), a um novo agrupamento de forças, mantendo sempre intacto o essencial, ou seja, o domínio do proletariado". Ibidem, p. 521-2.

realizou uma análise crítica da obra como a que devemos ao próprio Lukács; refiro-me ao prefácio[49] que ele escreveu em 1967 autorizando a segunda edição do seu livro de 1923. Estou convencido, aliás, *de que não se deve iniciar o exame de* HCC *sem a leitura prévia desse prefácio autocrítico*[50].

Nele, Lukács faz observações sobre as obras que publicou antes de 1918 e, em seguida, percorre seus escritos do período 1918-1930, que caracterizariam os seus "anos da aprendizagem do marxismo"[51]. Segundo o filósofo, nos anos que precedem imediatamente o seu ingresso no movimento comunista, seu pensamento portava "oposições abruptas": seu "mundo mental" abrigava "tendências simultâneas de apropriação do marxismo e ativismo político e, de outro, uma intensificação constante de problemáticas éticas puramente idealistas"[52]. Mas o *núcleo duro* do texto é a crítica à obra de 1923 que, segundo o autor, "é o desfecho que resume" seu "desenvolvimento desde os últimos anos da guerra"[53].

Lukács avalia que o livro de 1923 representa uma orientação, "voluntária ou involuntariamente, contra os fundamentos da ontologia do marxismo"[54] – orientação que consiste em entender "o marxismo exclusivamente como teoria social ou como filosofia social e rejeita ou ignora a tomada de posição nele contida sobre a natureza"[55].

Para o leitor paciente que me acompanhou até aqui, ficou evidente como a problemática da *prática* é central em *HCC* – por consequência,

---

[49] Ibidem, p. 1-50.

[50] Lukács referiu-se autocriticamente a *HCC* já nos anos 1930 – ver o seu texto de 1933, *Mi caminho hacia Marx* (México, UNAM, 1959) [ed. bras.: "Meu caminho para Marx", *Espaço de interlocução em ciências humanas*, n. 12, ano VI, out. 2010], e o seu ensaio, de 1938, "Se trata del realismo", em György Lukács, *Problemas del realismo* (México, Fondo de Cultura Económica, 1966). É no prefácio citado na nota anterior, porém, que se encontra a sua autocrítica mais substantiva e definitiva – que, nos meus seguintes comentários, virá com a brevidade própria ao presente texto.

[51] Georg Lukács, *História e consciência de classe*, cit., p. 2.

[52] Ibidem, p. 57. Lukács se indaga: "Se a Fausto é permitido abrigar duas almas em seu peito, por que uma pessoa normal não pode apresentar o funcionamento simultâneo e contraditório de tendências intelectuais opostas quando muda de uma classe para outra em meio a uma crise mundial?"; Ibidem, p. 4.

[53] Ibidem, p. 13-4.

[54] Ibidem, p. 14. Lembre-se de que, quando redigiu esse prefácio, Lukács avançava no projeto de *Para uma ontologia do ser social*.

[55] Ibidem, p. 14.

a limitação da concepção teórica de Marx a uma filosofia social, tal como Lukács a formulou em 1923 (em confronto com Hegel e Marx-Engels), compromete medularmente parte substantiva das formulações relativas à prática contidas em *HCC*; no prefácio de 1967, Lukács reconhece inclusive que, em 1923, ele "tinha absoluta certeza de que o caráter meramente contemplativo do pensamento burguês tinha de ser superado de modo radical"[56] e mais: que "a concepção da práxis revolucionária adquire, neste livro, um caráter excessivo, o que correspondia à utopia messiânica própria do comunismo de esquerda da época, mas não à autêntica doutrina de Marx."[57] Em especial, o filósofo destaca um *equívoco fundamental* em *HCC*, cuja temática obrigaria a ter a economia como seu eixo essencial: "a economia toma-se estreita quando se elimina dela a categoria marxista fundamental: o trabalho como mediador do metabolismo da sociedade com a natureza[58]." Eis o ponto que o Lukács da maturidade considera a falha crucial que conduz ao que designa como "equívocos filosóficos" de *HCC*: o fato de que a obra parte, na sua análise dos fenômenos econômicos, não do trabalho, mas de complicadas estruturas da economia mercantil. Assim se torna impossível, desde o princípio, abordar filosoficamente questões decisivas, como a relação da teoria com a prática, do sujeito com o objeto.

O exame dessas páginas do prólogo de 1967[59] mostra, sem margem para dúvidas, o rigor crítico-teórico com que Lukács avaliou *HCC* em face do autêntico marxismo de Marx: ele reconhece que a negação da "objetividade ontológica da natureza" – que constitui o "fundamento ôntico" do metabolismo (intercâmbio) sociedade/natureza, só encontrável na análise dialético-materialista dessa relação histórico-social que tem por suporte o trabalho – acabou por conduzi-lo a um efetivo distanciamento em face de ideias axiais formuladas em *HCC*.

---

[56] Ibidem, p. 17.

[57] Ibidem, p. 17. Na sequência, Lukács admite que "A conversão da consciência 'atribuída' em práxis revolucionária aparecia então – considerada objetivamente – como simples milagre."; Ibidem, p. 18.

[58] Ibidem, p. 15.

[59] Como adverti ao leitor na nota 50, *supra*, as observações que faço nesses últimos parágrafos nem de longe dão conta da abrangência/profundidade da autocrítica lukacsiana de 1967. Aqui deixo de assinalar as passagens em que ele formula reservas às suas interpretações de Hegel e de Marx-Engels e comenta a contribuição de Lênin, e não me referi ao trato que ele confere aos seus escritos da segunda metade dos anos 1920.

Está claro que a experiência política vivida pelo filósofo nos anos 1920 influiu nas suas opções teóricas (fato a que o próprio Lukács alude neste prólogo – *HCC*[60]), mas, ao contrário do que argumentam importantes pesquisadores, as conjunturas políticas vividas por Lukács – na segunda metade dos anos 1920 e na abertura dos anos 1930 – não me parecem ter sido a causa mais decisiva para que ele rechaçasse teses essenciais de *HCC*; a meu juízo, razões/motivos *determinantes* para abandoná-las *foram mesmo de caráter teórico*. Tais razões/motivos é que levaram Lukács a *superar* (no mais estrito sentido que Hegel atribuiu à palavra), a partir dos anos 1930, a obra de 1923, num longo processo que se desenvolveu de 1938 ao fim da sua vida[61].

O prólogo de 1967 detém-se sobretudo no que o filósofo, na sua plena maturidade, avalia como sendo os seus equívocos de 1923, enfatizando a "crítica das deficiências" e que é "um fato que *História e consciência de classe* causou uma forte impressão em muitos leitores, e o faz ainda hoje"[62]. Contudo, Lukács não deixa de sublinhar que, em *HCC*, há contribuições positivas, cuja validez ele reafirma – por exemplo, a sua concepção de que a ortodoxia em matéria de marxismo refere-se exclusivamente ao método; o seu tratamento da categoria de *mediação*; e a sua formulação acerca da conexão entre *gênese e história*[63]. Realmente, Lukács, nesse documento duramente autocrítico, considera que *HCC*, "à sua época e a seu modo", foi uma "obra importante". E justifica:

> Um poderoso momento histórico de transição debatia-se então por sua expressão teórica. Mesmo quando uma teoria não expressava a essência objetiva da grande crise, mas apenas uma tomada de posição típica diante dos seus problemas fundamentais, ela ainda podia adquirir um certo significado histórico.[64]

[60] Ibidem, p. 51-62.

[61] Alguns marcos decisivos dessa superação são *O jovem Hegel e os problemas da sociedade capitalista* (trad. Nélio Schneider, São Paulo, Boitempo, 2018 [1948]); *Introdução a uma estética marxista* (trad. Carlos Nelson Coutinho e Leandro Konder, Rio de Janeiro, Civilização Brasileira, 1968 [1957]); *Estética: a peculiaridade do estético*, v. 1 (trad. Nélio Schneider, São Paulo, Boitempo, no prelo [1963]) e *Para uma ontologia do ser social*, v. 1 e 2 (trad. Nélio Schneider, São Paulo, Boitempo, 2012-2013).

[62] György Lukács, *História e consciência de classe*, cit., p. 31.

[63] Idem.

[64] Ibidem, p. 28-9.

Talvez essa última consideração seja discutível pela sua evidente modéstia. Mas o que a mim me parece indiscutível é que Lukács, de *História e consciência de classe* a *Para uma ontologia do ser social*, deixou aos pósteros um legado monumental – o que, para muitos, fez dele o maior filósofo marxista do século XX. E essa preciosa herança foi produzida sem outra pretensão que a de propiciar, aos que têm a oportunidade (ou, se se quiser, o privilégio) de conhecer o pensamento de Lukács, uma via que lhes permita transitar, neste presente complexo e perturbador, do passado ao futuro[65].

[65] Em novembro de 1963, dizia Lukács: "Cuestión aparte y que yo no puedo resolver es la de si el puente que he intentado lanzar entre el pasado y el futuro para y a través del presente va a ser realmente duradero. [...] Si en estos tiempos desfavorables no he conseguido tender más que un puente de barcazas, un día lo sustituirán por otro sólido, en cuanto que esa comunicación consiga la importancia que realmente tiene para la vida espiritual. Yo, personalmente, me contentaría con conseguir facilitar a unos hombres, aunque fueran pocos, el tránsito del pasado al futuro en este confuso período de transición." György Lukács, *Goethe y su época* (trad. Manuel Sacristán, Barcelona/México, Grijalbo, 1968), p. 24. [ed. bras. *Goethe e seu tempo* (trad. Nélio Schneider e Ronaldo Vielmi Fortes, São Paulo, Boitempo, 2021.])

No meio do caminho

a legitimação do trabalho uberizado no Brasil?

MURILLO VAN DER LAAN
MARCO GONSALES

Quase uma década desde que a uberização do trabalho chegou ao Brasil, a luta e os debates sobre a regulamentação das plataformas se acirram. Isso ocorre em um contexto internacional no qual já se desenrolaram, e se desenrolam ainda, momentos significativos desse embate, com reflexos institucionais importantes em diversos países. Considerando tal avanço, como o Brasil chega ao que parece ser um de seus momentos mais decisivos no questionamento do trabalho de plataformas?

Este texto tem como objetivo apresentar aspectos-chave do cenário brasileiro à luz do desenrolar das lutas contemporâneas em diferentes países. Não propõe, por certo, uma comparação exaustiva de processos bastante heterogêneos, mas pretende em uma breve contraposição entre casos nacional e internacional levantar questões que pensamos ser relevantes para o cenário brasileiro.

Para desenvolver essa discussão, o artigo inicia com aspectos gerais da uberização do trabalho; passa a uma breve descrição do cenário internacional, mais especificamente, das atuações das diversas partes envolvidas no confronto em torno do trabalho uberizado; traz o desenrolar recente das lutas no Brasil e seus reflexos institucionais; e, por fim, contrapõe a experiência brasileira a de outros países, indicando a falta de um apoio decisivo dos poderes públicos brasileiros às demandas das lideranças do trabalho uberizado.

Emergência e aspectos gerais da uberização do trabalho

A uberização do trabalho adiciona um novo capítulo às longas mudanças implementadas pelo capital desde a decisiva década de 1970. A significativa desaceleração econômica que então se iniciou nos países centrais se espraiou, posteriormente, para as mais diversas regiões, revelando-se uma crise estrutural do capital de múltiplas dimensões destrutivas. Desde então, os longos processos de desindustrialização ou de estagnação do crescimento industrial foram acompanhados de uma hipertrofia dos sistemas financeiros em todo o globo[1].

Nesse cenário, os Estados Unidos, particularmente nos anos 1990, como forma de se contrapor à estagnação econômica e, concomitantemente, manter a austeridade fiscal típica dos tempos de neoliberalismo, optaram por políticas monetárias que buscaram estimular a economia, dando sobretudo às instituições financeiras e grandes empresas de capital aberto um acesso fácil a crédito barato, de modo a impulsionar a valorização de suas ações. Isso contribuiu com o insuflamento de bolhas, como a *pontocom*, na virada dos anos 2000, e, posteriormente, o mercado imobiliário estadunidense, em 2008[2].

Esse caminho não resolveu, no entanto, os problemas econômicos ocasionados pela desindustrialização e pela desaceleração econômica. Um dos reflexos importantes dessa desaceleração – reforçado, ademais, pelas reestruturações produtivas e pela guerra aberta que as políticas neoliberais travaram contra a classe trabalhadora – foi uma baixa demanda por trabalho e o decréscimo na quantidade e qualidade dos empregos criados nos países de capitalismo desenvolvido, quando comparados àqueles do pós-guerra[3].

Um traço específico desse declínio da qualidade dos postos de trabalho contemporâneos está ligado à expansão, em termos gerais, do setor de serviços[4]. Diferentemente da indústria, na qual o ambiente fabril é mais facilmente manipulável para ganhos de produtividade, em busca de reduções de preços para incrementar a demanda, os serviços

---

[1] Ricardo Antunes, *Os sentidos do trabalho: ensaio sobre a afirmação e a negação do trabalho* (São Paulo, Boitempo, 1999); István Mészáros, *Para além do capital* (trad. Sérgio Lessa e Paulo Cezar Castanheira, São Paulo, Boitempo, 2002).

[2] Robert Brenner, *Economics of Global Turbulence* (Londres, Verso, 2006); Nick Srnicek, *Platform Capitalism* (Cambridge, Polity, 2017).

[3] Aaron Benanav, *Automation and the Future of Work* (Londres, Verso, 2020).

[4] Ricardo Antunes, *O privilégio da servidão: o novo proletariado de serviços na era digital* (São Paulo, Boitempo, 2020).

seriam marcados pelo que alguns autores chamam de "doença dos custos". Os tipos de trabalhos característicos a esse setor seriam menos propensos aos processos de automação. Aqui, as competições por reduções de preços, num contexto geral de estagnação, se apoiariam em um ataque ainda mais exacerbado à classe trabalhadora[5].

As plataformas que deram lugar ao que chamamos de uberização do trabalho emergem como uma forma de síntese desses diversos aspectos sociais, econômicos e políticos. Surgem logo após o estouro da bolha do mercado imobiliário estadunidense, em um contexto, por um lado, de altas taxas de desemprego nos Estados Unidos e, por outro, de uma exacerbação ainda maior da disponibilidade de "dinheiro barato" aos grandes bancos e empresas, fruto das políticas monetárias que deveriam supostamente combater a crise que se seguiu à derrocada do sistema financeiro, em 2008[6].

Em um quadro de restrição de investimentos lucrativos, o capital financeiro patrocinará *startups* que dentro do setor de serviços buscarão hipertrofiar aspectos já conhecidos das reestruturações produtivas das fábricas, que se seguiram à crise estrutural dos anos 1970: enxugamento de despesas, adaptação o mais rápido possível às oscilações da demanda e tentativas de manipulação ideológica. Farão isso, entretanto, com um custo ainda maior à classe trabalhadora[7].

O modelo de negócios criado por essas *startups*, como a Uber e a Lyft, jogou para a própria força de trabalho as despesas com o capital fixo e os insumos necessários à realização dos serviços; contornou direitos trabalhistas por meio de uma falsa classificação dos trabalhadores como autônomos, promovendo, concomitantemente, discursos empreendedoristas para sua força de trabalho; e desvencilhou-se de custos com a oscilação da demanda, não remunerando os trabalhadores pelo tempo em que estão disponíveis às plataformas.

Tudo isso foi implementado por meio de um processo de automação/desqualificação da própria gestão do trabalho. A capacidade de captura de dados, de criação de perfis dos trabalhadores e de tomada de decisões automatizadas dos aplicativos dá às empresas um controle detalhado e em tempo real sobre uma imensa força de trabalho. Com

[5] Aaron Benanav, *Automation and the Future of Work*, cit.

[6] Nick Srnicek, *Platform Capitalism*, cit.

[7] Ricardo Antunes, "Trabalho e (des)valor no capitalismo de plataforma: três teses sobre a nova era de desantropomorfização do trabalho», em Ricardo Antunes (org.), *Icebergs à deriva* (São Paulo, Boitempo, 2023).

isso, à opacidade característica do mercado capitalista adicionou-se uma nova camada de obscuridade, advinda dos próprios algoritmos desenvolvidos pelas plataformas.

A partir da captura de dados diversos de consumidores e de trabalhadores, estabeleceu-se uma assimetria de informações entre estes e as plataformas, mobilizada a favor dos interesses das empresas. Do lado do consumo, precificações dinâmicas dos serviços feitas pelo aplicativo e alimentadas pelas diversas informações registradas dos consumidores; do lado do trabalho, salários também dinâmicos, calculados a partir dos perfis dos trabalhadores, da mensuração de seus hábitos, além de uma série de restrições e incentivos que buscam manejar a força de trabalho – aspectos esses que resultam em uma efetiva discriminação salarial. Na gestão algorítmica é sempre obscuro aos próprios trabalhadores como são estabelecidas as remunerações e precificações dos serviços, como são distribuídas as tarefas, o porquê das notas que recebem etc. E, sob uma autoproclamada neutralidade tecnológica, as plataformas mobilizam essa assimetria para seu próprio benefício, mudando constantemente os detalhes da gestão do trabalho[8].

Essa estrutura e a aparente neutralidade potencializam a fragmentação dos trabalhadores. A própria automação da gestão do trabalho, sem a figura humana do gerente e com algoritmos e remuneração em constante mudança, contribui para divisões entre os trabalhadores, entre os que supostamente sabem e os que não sabem trabalhar com o aplicativo. Com a opacidade dos algoritmos e o estímulo à competição entre esses trabalhadores, abre-se a brecha da responsabilização individual pela precarização do trabalho, que advém da própria estrutura dos aplicativos. Ademais, os interesses distintos entre aqueles que trabalham em tempo integral, aqueles que buscam apenas complementar a renda, os que atuam de forma "recreativa" ou sob regimes distintos de trabalho – como no caso de operadores logísticos entre os entregadores – podem representar obstáculos às lutas e à regulamentação.

Os confrontos internacionais

A despeito de toda essa inovação tecnológica e da fragmentação avançada sobre os trabalhadores, até aqui as maiores e mais conhecidas plataformas não se mostraram efetivamente lucrativas. O "dinheiro

[8] Niels van Doorn, "From a Wage to a Wager: Dynamic Pricing in the Gig Economy", em *Autonomy*, 2020, coleção Platforming Equality: Policy Challenges for the Digital Economy.

barato" canalizado a elas pelas várias rodadas de investimento dos chamados *venture capitals* (conhecidos também como capitais de risco) e, posteriormente, pela negociação de suas ações na bolsa serviu, contudo, para o financiamento de uma expansão vertiginosa de seus negócios. Sobretudo em seus anos iniciais, as plataformas subsidiaram fortemente consumidores e motoristas para atraí-los para seus aplicativos, financiaram multas aplicadas aos condutores em que a operação do serviço não havia sido autorizada, patrocinaram *lobbies*, redigiram legislações, foram atrás de pesquisas acadêmicas etc.[9].

Esses subsídios, no entanto, têm suas limitações. Isso porque as mudanças trazidas pelos aplicativos permitiram uma mensuração e um acompanhamento em tempo real de consumidores, por um lado, e a disponibilização não remunerada de um grande número de trabalhadores, por outro, obtendo, de fato, uma conexão mais efetiva entre ambos. Tais mudanças, contudo, não transformaram substantivamente a produtividade da própria execução do serviço – em compasso com a "doença dos custos" típica desse setor, que mencionamos no item anterior.

Isso impõe obstáculos à continuidade da expansão das plataformas e, mais importante, à própria lucratividade das empresas. Uma vez que a atração da demanda não é realizada pela redução dos preços, via incremento da produtividade, e que nem os subsídios nem os prejuízos das empresas podem se estender indefinidamente, restam, sobretudo, uma manipulação e um ataque à remuneração da força de trabalho. Os relatos dos trabalhadores sobre o histórico de seus ganhos são recorrentes nesse sentido: se antes eram altos, com o passar do tempo foram reduzidos substantivamente, ao mesmo tempo que as jornadas de trabalho se estenderam e os preços de insumo e manutenção dos instrumentos de trabalho aumentaram[10].

O desenvolvimento da organização dos trabalhadores acompanha tanto o desenrolar dessas limitações das plataformas, que se traduzem em reduções de remuneração, quanto a busca pela compreensão da gestão algorítmica.

Inicialmente, quando os subsídios são maiores, as reivindicações estão mais em torno do respeito e da dignidade do trabalho em oposição

---

[9] Alex Rosenblat, *Uberland: How Algorithms are Rewriting the Rules of Work* (Oakland, University of California Press, 2018).

[10] Yaseen Aslam e Jamie Woodcock, "A History of Uber Organizing in the UK", *South Atlantic Quarterly*, v. 119, n. 2, 2020, p. 412-21.

aos casos de violências físicas, verbais e manifestações racistas contra os trabalhadores – considerando, sobretudo, que em muitos países a força de trabalho é, em grande parte, imigrante ou não branca. Também as sanções e as demissões automatizadas dos algoritmos aparecem como preocupação central dos trabalhadores nesses momentos iniciais, além das dificuldades de serem ouvidos pelas plataformas em suas reivindicações por melhores condições de trabalho[11].

São os cortes nos subsídios e a redução das remunerações, no entanto, que mais catalisaram as manifestações grevistas e o desenvolvimento da organização. Os primeiros protestos e paralisações significativos, de motoristas ou de entregadores, na Califórnia, na Inglaterra e na Itália, entre 2014 e 2016, por exemplo, estiveram em torno da redução das taxas realizada pelas empresas[12].

No entanto, os aspectos da própria estrutura precarizada das plataformas favorecem o desenvolvimento da organização da classe. Na ausência das empresas, trabalhadores buscam ajuda entre si, ampliando os laços com os colegas de trabalho. Outro motivo de inquietação e fator de aglutinação é o tempo ocioso ampliado pelo modelo de negócio dessas empresas. A jornada de trabalho aumentou, mas também com ela o tempo morto em exercício, tempo que motoristas e entregadores utilizam para descansar, conhecer colegas de trabalho, papear, navegar nas redes sociais, ampliar laços, debater problemas e articular e organizar a luta.

Os setores mais bem estruturados passam, então, de uma reivindicação do aumento das taxas para uma percepção da subordinação em que se encontram perante as plataformas, em detrimento de seu discurso de parceria e empreendedorismo. Essa percepção leva a dois pontos fundamentais na luta da classe. Em primeiro lugar, a compreensão de que sua subordinação deve estar atrelada ao reconhecimento dos trabalhadores enquanto empregados das plataformas e os direitos plenos que lhes cabem[13]. Mas, posteriormente, avança-se também a uma reivindicação da compreensão de como funciona efetivamente essa subordinação: quais dados são capturados dos trabalhadores,

---

[11] Ibidem.

[12] Joyce Simon et al., "A Global Struggle: Worker Protest in the Platform Economy", *ETUI Policy Brief: European Economic, Employment and Social Policy*, Bruxelas, 2020.

[13] Yaseen Aslam e Jamie Woodcock, "A History of Uber Organizing in the UK", cit.; Veena Dubal, "An Uber Ambivalence", *UC Hastings Research Paper*, n. 381, 2020; Felipe Diez Prat, David Lerín Ibarra e Rubén Ranz Martín, *Análisis de la presión política y social de las plataformas de reparto* (Madri, UGT, 2020).

como são manipulados os diversos aspectos da gestão do trabalho, a partir de quais parâmetros as decisões automatizadas são tomadas etc.[14].

No contexto internacional, as mobilizações contra a opacidade e a precarização impostas pelas plataformas tiveram efeitos do ponto de vista institucional, a começar pelo Judiciário. Após diferentes sentenças conflitantes em tribunais de primeira instância, cortes superiores em diversos países rechaçaram a classificação de motoristas e entregadores como autônomos. Isso fortaleceu uma atuação legislativa em sentido semelhante.

O confronto com as plataformas no processo de regulamentação, no entanto, teve resultados díspares. Na Califórnia, por exemplo, o "berço" das *Big Techs*, as empresas gastaram mais 200 milhões de dólares em um referendo para reverter a lei que reconhecia o vínculo de seus trabalhadores, substituindo a legislação recém-instituída por outra escrita pelas próprias plataformas. A Espanha teve um resultado distinto. Após uma decisão muito contundente do Tribunal Supremo espanhol reconhecendo o vínculo empregatício entre um entregador e uma plataforma, estabeleceu-se uma mesa de diálogo social, cujo resultado foi a chamada Ley Rider, a qual fez alterações na legislação trabalhista espanhola, no sentido de uma presunção do vínculo para entregadores por aplicativos, adicionando ainda um artigo que determina o acesso de representantes dos trabalhadores aos algoritmos das empresas[15].

No âmbito europeu, tribunais de última instância rechaçaram também a classificação feita pelas plataformas de sua força de trabalho como autônoma na Itália, na França, no Reino Unido, na Suíça e na Holanda, além da Espanha já mencionada. Essas sentenças vão em sentido similar ao de uma Diretiva que tramita atualmente na União Europeia, que não apenas legisla sobre a presunção do vínculo para trabalhadores de plataformas, como busca regulamentar e dar transparência à própria gestão algorítmica[16].

De forma alguma as plataformas permaneceram inertes diante da organização dos trabalhadores e das tentativas de regulamentação pelos diferentes países e trabalharam para minar ambas. As revelações

---

[14] Ver, por exemplo, o trabalho do Worker Info Exchange. Disponível em: <https://www.workerinfoexchange.org/>.

[15] Murillo van der Laan, "As leis e as lutas: regulamentação e desregulamentação do trabalho por aplicativo na Califórnia e na Espanha", em Ricardo Antunes (org.), *Icebergs à deriva*, cit.

[16] Christina Hießl, "The Legal Status of Platform Workers: Regulatory Approaches and Prospects of a European Solution", *Italian Labour Law E-Journal*, v. 15, n. 1, 2022.

de julho de 2022 que ficaram conhecidas como Uber Files, feitas por Mark MacGann, ex-lobista da Uber na Europa, no Oriente Médio e na África, explicitaram os tipos de práticas da empresa: utilização do aplicativo para monitoramento de pessoas; infiltração entre trabalhadores e incentivo para que participassem de protestos em defesa do modelo de negócios da Uber, mesmo quando havia ameaça de violência; obstrução por meios tecnológicos de investigações contra a empresa; financiamentos vultuosos de acadêmicos para *lobby* e propaganda etc.[17].

Nos momentos mais intensos dos confrontos pela regulamentação das plataformas, lideranças políticas e acadêmicas que se posicionaram contra as empresas sofreram com assédio, difamação e mesmo violência perpetrada por indivíduos ou organizações que teriam ligações com as plataformas. Ademais, representantes dos trabalhadores relataram como as companhias criaram falsos ativistas e organizações, que eram beneficiados financeiramente pelas empresas – inclusive por intermédio de uma manipulação da gestão algorítmica, recebendo mais ou menos pedidos e/ou com melhores ou piores valores. E, para além de intenso *lobby* político e de formulação de leis pelas próprias plataformas, sempre presente em todo o processo está a recorrente ameaça de greve de capitais feita pelas empresas, caso a regulamentação atribuindo direitos plenos aos trabalhadores seja aplicada a elas[18].

Organização e regulamentação no Brasil

O Brasil chega às disputas em torno do trabalho uberizado sob os efeitos de uma década marcada por crises políticas e econômicas, com um destaque para o ascenso da extrema direita e um crescente desemprego. Não obstante, em termos gerais, aspectos-chave da experiência internacional se verificam por aqui. Do ponto de vista dos trabalhadores, também se faz presente o impacto das reduções das remunerações e, nos setores mais organizados, um avanço para a compreensão da subordinação às plataformas e o reconhecimento do vínculo de emprego.

Com a expansão das plataformas no cenário brasileiro, os setores de táxis e motofretes, segmentos outrora com ampla atuação de

[17] Paul Lewis, "The Uber Whistleblower: I'm Exposing a System that Sold People a Lie", *The Guardian*, 11 jul. 2022. Disponível on-line.

[18] Veena Dubal, "Why Uber and Lyft are Taking a Page Out of Big Tobacco's Playbook in Labor Law Battle", *The Guardian*, 11 set. 2020. Disponível on-line; Felipe Diez Prat, David Lerín Ibarra e Rubén Ranz Martín, *Análisis de la presión política y social de las plataformas de reparto*, cit.

profissionais autônomos e de baixa tradição sindical, se transformaram em férteis terrenos de luta protagonizando alguns dos mais importantes movimentos paredistas do país.

Os motoristas por aplicativos, os primeiros impactados pelas plataformas, foram também os pioneiros nas lutas, que, inicialmente, se direcionavam contra as tentativas de regulamentação e/ou em defesa da legitimidade da profissão, questionada pelas empresas de táxis e pelos próprios taxistas. No entanto, com a consolidação das plataformas, que obrigou taxistas a aderirem aos aplicativos, e a própria experiência adquirida por esses trabalhadores (agora subordinados às megacorporações), as reivindicações mudaram o foco para as condições de trabalho, em especial, neste momento, pelo aumento do valor da taxa de entrega.

O primeiro protesto, dos motoristas, com reinvindicações voltadas às plataformas aconteceu em 2019, no dia 8 de maio, um dia antes de a Uber estrear seus papéis na bolsa de valores de Nova York. O ato estava em sintonia com outros diversos protestos de motoristas realizados em inúmeras outras cidades no Brasil e no mundo, naquele que ficou conhecido como o primeiro protesto global contra as plataformas. No entanto, com a chegada da pandemia e o início do período de isolamento social, os motoristas viram a demanda pelas corridas despencar, o que fez muitos deixarem a profissão e consequentemente a luta perdeu sua organicidade[19].

No entanto, no caso dos entregadores, as consequências da pandemia alavancaram o movimento de resistência. Alçados a heróis, estes trabalhadores viram o setor crescer, mas, ao mesmo tempo, tal expansão não resultou em melhores rendimentos ou melhores condições de trabalho, ampliando a insatisfação com as plataformas. A partir de então, vários protestos denunciando a precarização das condições de trabalho promovidas pelos entregadores por aplicativos começaram a pipocar em diversas cidades brasileiras até culminar no maior evento paredista de todos, o primeiro grande Breque dos Apps, realizado no dia 1º de julho de 2020[20].

---

[19] Felipe Moda e Marco Gonsales, "Por dentro da mobilização global dos motoristas de transporte particular por aplicativo", *Revista Pensata*, v. 9, n. 1, 2020.

[20] Marco Gonsales, "Breque dos apps: as morfologias da luta dos(as) entregadores(as) por aplicativos", em Ricardo Festi (org.), *A tragédia de Sísifo: trabalho, capital e suas crises no século XXI* (Jundiaí, Paco, 2023).

O SindimotoSP, um dos mais atuantes sindicatos de motofretistas do país, esteve presente no ato, mas não participou de sua organização e tampouco o dirigiu. Assim como se sucedeu com movimentos semelhantes em diversos outros países, o Breque dos Apps, um dos maiores movimentos paredistas espontâneos e de ação direta realizados nos últimos anos no país, foi articulado principalmente pelas redes sociais, por novas lideranças, associações e coletivos, alguns emergindo durante as próprias articulações para a greve. Apesar de seu êxito, as relações entre os novos representantes da categoria e o sindicalismo tradicional se acirraram e acabaram por rachar o movimento, reduzindo o engajamento e a sua capacidade de sustentação. Segundo o presidente do sindicato, por um lado, as associações foram seduzidas pelas plataformas e levantaram a bandeira da falsa autonomia e a criação de uma tabela de valores, prejudicando a categoria. Por outro, as novas lideranças acusavam o sindicato de omissão frente ao avanço das plataformas[21].

No entanto, mesmo com os embates internos da categoria, o Breque dos Apps obteve grande repercussão na chamada opinião pública, nos consumidores, nos partidos políticos, no meio sindical, no Legislativo e no Judiciário. Para se ter uma ideia, na Câmara Federal, entre 2020 e 2021, foram registrados 128 projetos de lei sobre a temática do trabalho por plataformas. Apesar da grande quantidade de projetos, muitos aproveitavam da conjuntura para legislar em favor do empresariado[22].

No dia 5 de agosto de 2020, após outros dois Breques realizados em julho de 2020, nos dias 14 e 25, e a pressão dos parlamentares progressistas, foi aprovada por unanimidade, por um Congresso de maioria conservadora, a urgência da votação do Projeto de Lei 1665/2020, que garantia alguns direitos à categoria exclusivamente durante a pandemia. Um projeto limitado, mas que se tornou um marco por ser a primeira lei federal em defesa dos trabalhadores uberizados[23].

No final de 2022, poucos meses antes da posse do presidente Lula, os entregadores por aplicativos ensaiavam um novo Breque por melhores condições de trabalho, mas foram convencidos pelo então futuro governo a desistirem do ato em troca da promessa de que a negociação em torno da regulamentação do setor seria uma das

[21] Idem.

[22] Felipe Moda e Marco Gonsales, "Aprovado 1º PL em favor de trabalhadores de plataformas", *Blog da Insurgência*, 13 dez. 2021. Disponível on-line.

[23] Idem.

primeiras e principais medidas a serem promovidas pelo Ministério do Trabalho, que seria refundado.

Nesse ínterim, um fato relevante marcou o movimento. Com o objetivo de ampliar as vozes das associações e dos coletivos no processo de regulamentação, os entregadores fundaram a Aliança Nacional dos Entregadores por Aplicativos (Anea). Depois de alguns meses de articulação, a Anea apresentou, em fevereiro de 2023, assim como as principais centrais sindicais do país, uma carta sobre a posição da entidade frente ao processo de regulamentação no país. A surpresa ficou por conta de que, assim como os sindicatos, a Aliança passou a defender o reconhecimento do vínculo empregatício, dando um salto de qualidade no debate.

No caso dos motoristas por aplicativos, o cenário é semelhante. São diversas associações e novos sindicatos que se formaram recentemente na luta por melhores condições de trabalho, como o Sindicato dos Trabalhadores com Aplicativos de Transportes Terrestres Intermunicipal do Estado de São Paulo (Stattesp), o Sindicato dos Motoristas de Transporte Individual por Aplicativo do Rio Grande do Sul (Simtrapli-RS) e as associações representadas pela Federação dos Motoristas por Aplicativos do Brasil (Fembrapp). Assim como no caso dos entregadores, há divergências sobre a legitimidade das entidades sobre as pautas e as estratégias de luta, no entanto, há consenso em torno da urgência do reconhecimento do vínculo empregatício.

As demandas das lideranças dos trabalhadores, no entanto, não encontram um respaldo decisivo do Estado brasileiro, que tem se mostrado até aqui, em grande medida, favorável às empresas. À parte a importante atuação do Ministério Público do Trabalho, indicando a necessidade de forte regulamentação e proteção dos trabalhadores uberizados, Judiciário, Legislativo e Executivo têm se mostrado, no mínimo, vacilantes.

Durante o governo Bolsonaro, a proliferação de projetos de lei no Congresso brasileiro, que mencionamos anteriormente, não se traduziu em qualquer iniciativa para regulamentação do trabalho por aplicativos. Grande parte desses projetos, contudo, posiciona-se, de uma forma ou de outra, a favor do modelo de trabalho das plataformas.

Porém, no Judiciário, as decisões de tribunais de primeira instância contrastam entre si sobre o reconhecimento do vínculo empregatício de entregadores e motoristas. Isso também se verifica nas instâncias superiores, com o Tribunal Superior do Trabalho (TST) divido sobre a questão. Enquanto a 1ª, 4ª e 5ª turmas apresentam posições frágeis que não reconhecem o vínculo de trabalhadores uberizados, a 3ª e 8ª turmas, alinhadas às decisões de instâncias superiores internacionais, indicaram o vínculo dos trabalhadores de plataformas.

Mais recentemente, o governo Lula encaminhou a promessa feita durante a campanha presidencial de regulamentar as plataformas. Criou um Grupo de Trabalho reunindo associações patronais e representantes dos trabalhadores indicados pelas centrais sindicais, além de associações de motoristas e entregadores, para juntos produzirem um relatório sobre a regulamentação. A despeito do tom ácido do governo contra as plataformas, seu posicionamento em defesa do vínculo empregatício não foi claro.

Para piorar esse cenário, com o Grupo de Trabalho já instalado, o Supremo Tribunal Federal (STF) fez-se presente no debate sobre a regulamentação por meio da figura de Alexandre de Moraes. O ministro cassou o reconhecimento do vínculo de emprego, feito pelo Tribunal Regional do Trabalho da 3ª região, entre um motorista e a plataforma Cabify e remeteu o processo à justiça comum. A decisão de Moraes foi fortemente criticada por lideranças, pesquisadores e, especialmente, pela comunidade em torno da justiça do trabalho.

De sua parte, as empresas, representadas sobretudo pela Associação Brasileira de Mobilidade e Tecnologia (Amobitec), chegaram ao Grupo de Trabalho trazendo a proposta de um novo marco legal que se enquadre à realidade dos trabalhos por aplicativos. O principal objetivo das empresas é assegurar a continuidade do regime de trabalho intermitente e remunerado por serviço, o chamado regime de trabalho sob demanda, que, ao fim e ao cabo, é o grande diferencial do modelo de gestão de trabalho das plataformas e ponto decisivo para as empresas durante as negociações pela regulamentação.

Para a defesa de seu modelo de negócios, como aconteceu em outros países, as plataformas não medem esforços para sabotarem os movimentos de resistência, como a máquina de propaganda criada pela iFood que, por meio de duas agências de publicidade, monitorou, perseguiu e atacou lideranças da categoria. A prática foi denunciada pela *Agência Pública* em abril de 2022 e resultou em três inquéritos civis e um Termo de Ajuste de Conduta (TAC) de 6 milhões de reais[24].

Poucos meses antes, enquanto ainda perseguia as lideranças nas redes sociais, a iFood promoveu o 1º Fórum de Entregadores do Brasil.

---

[24] Clarissa Levy, "iFood assina acordo de milhões com MPs após denúncia da Agência Pública", *Agência Pública*, 10 jul. 2023. Disponível on-line.

Um encontro de três dias, com representantes da categoria reunidos em uma mansão, ao estilo dos programas de *reality shows* que, segundo nos detalhou um dos participantes, se tratou de um evento com psicólogos organizando dinâmicas de grupo, inúmeras apresentações promovendo a empresa, exaustivas reuniões e muita pressão[25].

No caso da Uber, o que tem chamado a atenção da justiça é a estratégia de manipulação da jurisprudência. A empresa tem realizado acordos com aqueles trabalhadores prestes a terem seus vínculos de trabalho reconhecidos pela justiça, com o objetivo de impedir a formação de jurisprudência reconhecedora dos direitos trabalhistas. A prática foi denunciada pelo Ministério Público do Trabalho, que entrou com uma Ação Civil Pública (ACP) pedindo pagamento de 3% do faturamento bruto da Uber em 2022 como indenização por dano moral coletivo[26].

Rumo a uma legitimação do trabalho uberizado?

Em comparação com os casos internacionais mais emblemáticos na luta pela regulamentação do trabalho de plataformas, o Brasil chega atrasado e fragilizado a um momento decisivo dessas disputas. E isso, sobretudo, pela falta de um respaldo mais contundente dos poderes públicos à regulamentação do trabalho uberizado.

Tanto lá fora como aqui, os setores organizados dos trabalhadores, confrontados com as limitações dos próprios subsídios dos aplicativos, desenvolveram uma compreensão mais profunda de sua subordinação às empresas e passaram à reivindicação de seus direitos enquanto empregados das plataformas. Ainda que tensões no interior da classe sobre a representatividade entre os trabalhadores possam obstaculizar a luta, a convergência no sentido do reconhecimento do vínculo de emprego é um avanço significativo.

Do ponto de vista institucional, no entanto, o cenário é bastante distinto. Em primeiro lugar, há a responsabilidade do Judiciário, que poderia ter sido decisivo, como nos casos internacionais, jogando o peso do reconhecimento jurídico do vínculo sobre o desenrolar do debate acerca da regulamentação. Excetuando um grupo importante e significativo dentro da justiça do trabalho, o que predomina é a

---

[25] "Fórum de Entregadores do Brasil resulta em carta-compromisso para a categoria", *iFood News*, 15 dez. 2021. Disponível on-line.

[26] Isadora Peron e Beatriz Olivon, "MPT tenta na Justiça barrar estratégia jurídica adotada pela Uber", *Valor*, 31 jul. 2023. Disponível on-line.

mistificação das plataformas, incluindo a posição do ministro Alexandre de Moraes, no STF, em absoluto contraste com as decisões de cortes de última instância de outros países.

Legislativo e Executivo brasileiros também demonstram fragilidades semelhantes. Ao passo que, na Califórnia e na União Europeia, os parlamentos vêm se mostrando decisivos na indicação do vínculo empregatício do trabalho uberizado e, ademais, legislam sobre a necessidade de regular e tornar transparente a gestão algorítmica; no Brasil, o *lobby* das empresas parece ser mais efetivo, com exceção da resistência de importantes grupos de parlamentares mais combativos. Por sua vez, o governo Lula, a despeito do tom ácido contra as plataformas, permanece aquém de sua retórica. Simultaneamente, na posição de promotor da regulação e promotor do diálogo entre trabalhadores e empresas, não se posicionou em defesa dos direitos plenos para essas categorias.

Enquanto isso, as plataformas no Brasil, na defesa de seus negócios, seguem a mesma cartilha internacional: tentativas de cooptação e difamação de lideranças; manobras frente a um Judiciário, em larga medida, permissivo; *lobby* político; patrocínio de pesquisas que se transformam em peças de propaganda; ameaças de greve de capitais; propostas que aparentemente fazem concessões aos trabalhadores, mas que mantém o modelo uberizado do trabalho etc.

Esse último ponto tem uma importância particular para o atual momento brasileiro do debate sobre o trabalho em plataformas. Isso porque, no âmbito internacional, quando pressionadas pelos poderes públicos, as plataformas fizeram concessões no sentido de uma proposta própria de regulamentação que mantivesse seu modelo de negócios. Foram os casos do Trade Digital, na Espanha, rechaçado pelo governo espanhol e pelos trabalhadores, e da Proposta 22, na Califórnia, aprovada em referendo. A despeito dessas supostas concessões, essas propostas mantêm a precarização do trabalho, como demonstra a vigência da legislação criada pelas plataformas no caso californiano.

No momento em que escrevemos, o Grupo de Trabalho que busca a regulação do trabalho em plataformas no Brasil entra em sua nona semana. É incerto ainda qual será seu desfecho. No entanto, sem um decisivo respaldo institucional, a convergência das lideranças em torno do vínculo empregatício é enfraquecida. Se permanecer dessa forma, tomará ainda mais corpo o modelo de negócios das plataformas, com algumas concessões. Isso poderá resultar na criação efetiva de uma terceira figura jurídica: o trabalhador uberizado. Por essa via, há grandes possibilidades de o governo Lula, a despeito de seu discurso, atuar efetivamente na legitimação do trabalho uberizado e apresentar como ganho, o que seria mais uma consolidação da precarização do trabalho, com repercussão potencial em toda classe. Restaria, então, a relação entre as lideranças e os demais trabalhadores uberizados na mobilização por plenos direitos à categoria.

Seja qual for o desfecho do processo de negociação, o ponto crucial nos parece ser o saldo organizativo da classe. Isso porque, mesmo que o Grupo de Trabalho se traduza em um revés para os trabalhadores uberizados, o debate sobre a precarização das plataformas permanecerá. Por um lado, continuará a alimentar a insatisfação da categoria quanto à limitação concreta de um modelo de negócios que, mesmo se apoiando fortemente em um ataque à classe, não se mostra lucrativo; por outro, o avanço do debate sobre a transparência dos algoritmos poderá desvelar, de maneira ainda mais concreta, a complexa subordinação a qual os trabalhadores uberizados estão sujeitos. De qualquer maneira, portanto, os problemas e os limites das plataformas permanecerão e o avanço da organização da classe se mostrará, uma vez mais, fundamental.

50 anos do golpe que derrubou Salvador Allende
um depoimento

BELUCE BELLUCCI
CARLOS VAINER

> Se o passado conta é pelo que significa para nós. Ele é o produto de nossa memória coletiva, é o seu tecido fundamental. [...] Ele nos ajuda a compreender melhor a sociedade na qual vivemos hoje, a saber o que defender e preservar, a saber também o que mudar e destruir. [...] O passado está presente em todas as esferas da vida social.
>
> – *Jean Chesneaux*

> No hay nada más vivo que un recuerdo.
>
> – *Federico García Lorca*

Considerações preliminares

Entre 1964 e 1973, sucessivas ondas levaram mais de 4 mil brasileiros e brasileiras a buscarem refúgio no Chile. Refugiados oficiais, saídos das prisões ou escapando da repressão que cercava as organizações clandestinas de resistência, mas também estudantes, artistas, todo tipo de pessoa que não suportava mais a vida asfixiante que a repressão, a censura e o medo impunham ao cotidiano de milhões de brasileiros. "Brasil: ame-o ou deixe-o", dizia a propaganda oficial. Se é esse o Brasil que temos, melhor deixá-lo, diziam muitos, mesmo que seja apenas por algum tempo.

Aos que lá chegamos, nos deparamos com um país quase totalmente desconhecido. Pouco a pouco fomos conhecendo um povo, a história de suas lutas, sua cultura, sua música. Alguns já tinham ouvido falar ou tinham lido Pablo Neruda e Gabriela Mistral, prêmios Nobel de literatura, mas jamais poderíamos ter imaginado a potência daquela cultura, assim como das organizações populares, do altíssimo nível de politização e da riqueza do debate político no seio dos partidos de esquerda e dos movimentos sociais. Para muitos que vinham de movimentos estudantis, e que destes haviam passado à resistência clandestina, encontrar-se com um complexo e conflituoso processo político, ideológico e cultural que engolfava e engajava multidões era de fato algo bastante novo. Além disso, o Chile se transformara numa verdadeira encruzilhada, onde argentinos, uruguaios, peruanos, venezuelanos, militantes vindos de todo o continente nos ensinavam que, apesar de nossas profissões de fé internacionalistas, ainda tínhamos que aprender que éramos latino-americanos. Não havia como duvidar que havíamos desembarcado num país que vivia uma revolução ou, pelo menos, um processo pré-revolucionário.

Como escrever sobre o que experimentou, viveu e viu a geração[1] dos que estavam no Chile de Salvador Allende, no início dos anos 1970, e quando sobreveio o golpe militar, o qual derrubou o governo da Unidade Popular (UP)? Certamente não faria muito sentido buscar resgatar os antecedentes que levaram ao governo da UP, aos embates travados, às ações dos diferentes grupos sociais e das forças políticas organizadas na luta para impor seus interesses imediatos e de longo prazo e às intervenções de forças externas, em particular dos Estados Unidos da América, mas também da ditadura brasileira. Afinal, isso é tarefa para historiadores, que, diga-se de passagem, com diferentes perspectivas e conclusões, têm produzido abundante literatura a respeito.

Que contribuição a essa historiografia podemos trazer aqueles que estivemos presentes no "teatro de guerra", que assistimos e, uns mais que outros, participamos das batalhas que ali se travaram? Talvez o que de melhor possamos fazer é dar nossos testemunhos, embora com a consciência de que depoimentos de quem lá estava não possuem nenhuma virtude miraculosa de serem portadores de quaisquer verdades indiscutíveis. São lembranças que estão ancoradas em memórias individuais, que podem enriquecer a memória coletiva e, em alguns casos, a própria historiografia.

Como observou Cassirer, "a memória como simples reprodução de um evento passado ocorre também entre os animais superiores"; nos humanos, porém, a memória

> não é simplesmente uma repetição, mas antes um renascimento do passado; implica um processo criativo e construtivo do passado [...] Não basta recolher dados isolados da nossa experiência passada; devemos realmente re-colhê-las, organizá-las e sintetizá-las em um foco de pensamento. É este tipo de lembrança

[1] Entende-se, aqui, geração não como um grupo ou coorte etária, mas como "um grupo particular da comunidade nacional – grupo ideologicamente e sociologicamente claramente circunscrito"; Jean-François Sirinelli, "Le hasard ou la nécessité? Une histoire en chantier: l'histoire des intellectuels", *Vingtième Siècle, Revue d'Histoire*, n. 9, jan.-mar. 1986, p. 105.

que nos proporciona a forma humana característica da memória, e a distingue de todos os demais fenômenos da vida animal ou orgânica.[2]

Lembrar é recriar, e esse processo de recriação é sempre social, coletivo:

a memória individual existe, mas ela está enraizada dentro dos quadros diversos que a simultaneidade ou a contingência reaproxima momentaneamente. A rememoração pessoal situa-se na encruzilhada das malhas de solidariedades múltiplas dentro das quais estamos engajados. Nada escapa à trama sincrônica da existência social atual, e é da combinação destes diversos elementos que pode emergir esta forma que chamamos de lembrança, porque a traduzimos em uma linguagem.[3]

Isso quer dizer também que muito do que re-memoramos é fruto não de uma memória estritamente individual, mas, antes, da internalização individualizada de uma memória coletiva. Nós ouvimos ou vemos outros relatos, lemos biografias e autobiografias, conversamos com amigos sobre o que se passou... e desse modo formamos nossas próprias memórias.

E mesmo quando elas parecem referidas a experiências individuais, estão imbrincadas em relações sociais e são sobredeterminadas pelo contexto e condições do tempo (presente) em que são acionadas e narradas. "Eu me lembro" é um ato no presente, e as narrativas fundadas na memória são sempre atos no presente; por isso que em diversos momentos de nossa vida nos lembramos de maneiras diferentes do mesmo acontecimento; que em variados períodos da trajetória de uma sociedade, determinados acontecimentos sejam lembrados e significados também de diferentes formas. Isso permite entender por que em outras conjunturas a luta pela construção da memória ganha centralidade nos embates sociais, políticos e culturais – e não precisamos ultrapassar as fronteiras de nosso país para encontrar exemplos recentes nos confrontos acerca do sentido e significado do golpe de 1964.

O fato de a memória ser antes de tudo social e coletiva não lhe retira a condição de individualizável e individualizada; assim como o fato de ser a narrativa que dela decorre um ato presente não lhe retira a condição de reportar-se a um passado que a própria narrativa atualiza.

A narrativa pessoal da experiência que segue deve ser portanto lida, contada e entendida como um testemunho que traz a marca da singularidade. Nem todos os brasileiros que estavam no Chile no momento do golpe foram presos, nem todos estavam em Valdivia, nem todos estavam em estreita conexão com organizações de luta camponesa, nem todos tiveram que suportar enorme sofrimento para sobreviver. Acreditamos que o compartilhamento dessa memória possa ajudar a entender o que foi o processo de luta e o

[2] Ernst Cassirer, *Ensaio sobre o homem: introdução a uma filosofia da cultura humana* (trad. Tomás Rosa Bueno, São Paulo, Martins Fontes, 1994), p. 88.

[3] Maurice Halbwachs, *A memória coletiva* (trad. Laurent Léon Schaffter, São Paulo, Vértice/Revista dos Tribunais, 1990), p. 14.

golpe no Chile e o que foi a experiência-limite de um refugiado brasileiro. Certamente este relato não nos conta tudo o que aconteceu naquele momento naquele país nem tenta explicar por que o golpe foi vitorioso, apesar de haver importante base de apoio ao governo Allende e muita organização no seio do povo chileno. Não é essa sua intenção ou pretensão. Nosso objetivo, mais modesto, é lançar luz sobre uma dimensão ou faceta do evento histórico que retrata a partir de um indivíduo.

Setembro de 1973 em Valdivia[4]

Cheguei ao Chile em dezembro de 1970. Em janeiro de 1971 fui para a Argélia e regressei um ano depois a Santiago. Nessa volta, contei com a solidariedade de muitos chilenos e recebi, no primeiro ano, ajuda da "caixinha", como chamávamos a Associação Chileno-Brasileira de Solidariedade, criada pelos refugiados da primeira leva de 1964 para ajudar com a recepção e instalação dos que iam chegando. Apesar de ser estudante de engenharia na Universidade do Estado da Guanabara, atual UERJ, me matriculei no curso de história no Pedagógico da Universidade do Chile e fiz trabalhos voluntários na UP em fevereiro de 1971, como parte de uma diversa atuação social e política em Santiago. Em agosto de 1973, morei na região de Los Ríos, em fazendas que foram expropriadas para a reforma agrária em San José de la Mariquina, nos arredores da cidade de Valdivia, capital da província de mesmo nome.

Na véspera do golpe, me encontrava em Valdivia com mais dois companheiros chilenos para conversas na sede do Conselho Provincial Campesino, uma grande casa na região central da cidade, onde se reuniam a direção e os grupos de trabalho do Conselho e se alojavam cerca de trinta participantes que vinham do interior da província, como eu e os vindos de San José de La Mariquina. As discussões giravam em torno de quando o golpe viria e o que fazer. Havia militantes do Movimento

---

[4] Uma primeira versão desse relato de Beluce Bellucci foi divulgada na lista de WhatsApp "Viva Chile", integrada por brasileiras e brasileiros que se encontravam no Chile em 11 de setembro de 1973 e se juntaram para organizar uma ida coletiva a Santiago para realizar algumas atividades em homenagem aos assassinados pela repressão e participar de eventos organizados que marcam o cinquentenário do golpe. Muita gente começou a compartilhar lembranças e relatos de vários tipos, o que estimulou seu autor a fazer o mesmo. "Mas não foi nada fácil", comenta Bellucci. "Sempre dormi com facilidade, nunca tive insônias, mas dessa vez vieram os pesadelos. Passei a sonhar que eu, com outros exilados, em particular os mais chegados, muitos deles saídos no grupo dos setenta presos libertados em troca pelo embaixador suíço e companheiros da minha organização, estávamos em festa em um grande barco, em um mar muito revolto e perigoso. Esse sonho, muito angustiante, se repetiu em várias noites, o que me levou a interromper a redação. Parei a escrita. Em outros sonhos, mais amenos, apareciam companheiros mortos que estavam numa lista que preparávamos com os nomes de quem estava no Chile e faleceu desde então. Num deles, Luís Travassos, ex-presidente da União Nacional dos Estudantes, veio me informar que seu nome não constava na lista. Verifiquei e ele tinha razão. Depois disso, decidi retomar minha narrativa."

de Esquerda Revolucionária (MIR), da ala esquerda do Partido Socialista (PS), do Mapu Garreton[5] e da Izquierda Cristiana[6].

Na manhã de 11 de setembro, enquanto tomávamos *el té* e ouvíamos a rádio regional, ligada ao PS, houve uma interrupção na programação e, subitamente, passamos a acompanhar, do início ao fim, o que seria o último discurso do presidente eleito. Depois de Allende, já com estrondos de bombas sobre as antenas da rádio Magallanes, Uldaricio Figueroa, secretário provincial do PS, ainda teve tempo para fazer um discurso conclamando os trabalhadores e o povo em geral a resistir ao golpe e aos traidores da pátria. Naquele momento, senti que não haveria resistência maior comandada por Santiago e tive a convicção de que deveria participar da luta e organizar o que fosse possível com aquele povo disposto a reagir, fossem quais fossem as condições. Valdivia era a capital de uma região muito ativa nas frentes de massa e na articulação política, com uma das mais interessantes experiências de poder popular: o Complejo Maderero y Forestal Panguipulli, no pé da cordilheira. Também o Movimento Campesino Revolucionário (MCR), ligado ao MIR, liderado por José Gregorio Liendo Vera, o comandante Pepe, exercia forte influência, secundado por PS, Mapu e PC. Era também muito forte a organização dos camponeses nas áreas mais próximas ao litoral e no *llano*, região entre a cordilheira e anterior a ela.

O golpe já era esperado por alguns, mas o que era preciso fazer? Tudo estava sendo improvisado naquele momento. Os canais de comunicação, as formas de resistência e luta, a montagem de organizações clandestinas, de infraestrutura, a preparação para enfrentar a tortura, enfim, nenhum partido estava suficientemente preparado para lidar com essas novas realidades, nem mesmo o MIR, que, em consonância com grande parte da esquerda latino-americana após a Revolução Cubana, havia feito a opção pela caminho armado, guerrilheiro, para a tomada do poder. Tudo era muito precário. Era certo que o Movimento havia treinado alguns militantes para a guerra de guerrilhas, mas, como pude ver, inexistiam coletivos organizados, táticas e estratégias de articulação com as massas camponesas. A falta de preparação prévia talvez se devesse à crença mais ou menos generalizada, inclusive entre os militantes dos setores mais à esquerda da UP, de que quem tomasse a iniciativa de romper a constitucionalidade receberia o repúdio da população e da maioria dos militares[7].

[5] O Movimento de Ação Popular Unitária (Mapu), uma cisão de esquerda do Partido Democrata Cristão, integrou a UP, junto do Partido Socialista de Chile, Partido Comunista de Chile e Partido Radical de Chile. Em março de 1973, houve uma cisão do Mapu, sendo que uma ala que se declarou marxista-leninista tinha como liderança Oscar Garretón.

[6] A Izquierda Cristiana foi constituída como partido em outubro de 1971, passando a integrar a UP.

[7] Em conversa com companheiros chilenos, era comum ouvirmos que o Chile não era o Brasil nem a Argentina. Lembravam-nos que já em 1936 houvera um governo de Frente Popular, que os militares eram respeitadores da Constituição... Reconhecíamos que o Chile não era o Brasil, embora continuássemos a acreditar que o golpe estava se aproximando.

Decidimos que a primeira coisa a fazer era abandonar a sede do Conselho e retornar aos nossos assentamentos, onde poderíamos participar da resistência. Nesse mesmo dia mudei minha identidade, pois sabia que com o golpe nós, estrangeiros, seríamos alvos fáceis. Eu tinha consciência de que se fosse preso com meu nome verdadeiro não seria poupado, pois já fora condenado no Brasil. Mudar de identidade era também a orientação dada por minha organização brasileira. Portanto, já no dia 11, antes mesmo de deixar a sede do Conselho, rasguei os documentos brasileiros e chilenos que tinha e fiquei apenas com os documentos que me dariam a identidade que foi a minha ao longo do exílio até a anistia. Essa atitude salvou a minha vida.

É de se registrar que nos quiosques da cidade, onde até o dia anterior era difícil encontrar algo para se comprar, começaram a aparecer, no próprio dia 11, cigarros e latas de leite condensado por todo lado. Se houvesse alguma dúvida, ficava claro que a escassez era resultado de um boicote organizado para fragilizar o governo da UP.

Deixamos, então, Valdivia e nos deslocamos para nosso assentamento, percorrendo a pé mais de sessenta quilômetros. Ao anoitecer, encontramos um celeiro com feno, sem animais e longe das residências dos proprietários, onde nos alojamos com segurança, misturados às palhas que nos protegiam do frio. Foi a noite mais confortável que passei até sair do Chile. No início da noite do segundo dia, alguns quilômetros antes do *asentamiento*, tivemos nosso primeiro contato com um dirigente campesino local, que tampouco sabia o que fazer. Seu nome já constava na lista em que os golpistas instavam as pessoas a se entregrarem com a promessa de que "seria garantida a integridade dos que se entregassem voluntariamente..." Mais tarde iria encontrá-lo na prisão. Sua esposa nos preparou uma *cazuela*[8] e dormimos num canto qualquer de uma pequena sala, junto aos cães.

No dia seguinte, o clima entre os assentados era de derrota e insegurança, mesmo que não houvessem chegado informações dos horrores que estavam acontecendo em Santiago. Nesse quadro, formamos um acampamento que abrigava os que vieram se refugiar no assentamento. Eram líderes regionais, sindicalistas e dirigentes partidários de Valparaíso e das vizinhanças que estavam sendo procurados e resolveram não se entregar. Apesar dessa disposição, aqueles trabalhadores rurais, jovens e de meia-idade, corajosos e conscientes, tinham medo estampado em suas faces.

Faltava-nos estrutura para um acampamento guerrilheiro. Tudo era muito precário. As noites eram frias, chovia uma chuva miúda que doía os ossos, e as copas dos pinheiros onde dormíamos não nos protegiam. Poucos tinham armas.

Mas permanecia a pergunta principal: o que fazer? Como obter informações do que estava acontecendo no resto do país? Havia rumores de que o general Prats[9]

[8] Prato típico da cozinha popular chilena: um caldo com alguns pedaços de batata, cenoura, milho e, conforme o caso, carne de gado ou de frango.

[9] O general Carlos Prats foi ministro do Interior e comandante em chefe do Exército sob Allende, segundo na hierarquia militar abaixo de Augusto Pinochet, general-chefe do Exército. O general

estaria entrando no Chile pela Argentina com um exército legalista. A rádio, porém, anunciava que o Palácio de La Moneda, sede do governo, tinha sido bombardeado e Allende se suicidara. Os comunicados da Junta Militar transmitidos reiteradamente pelo veículo de comunicação instavam a rendição dos dirigentes políticos da UP e do MIR e dos sindicalistas. Convocava, igualmente, as pessoas a denunciarem os estrangeiros, qualificados de terroristas e inimigos do povo chileno. Enquanto isso, discutíamos se deveríamos começar ações guerrilheiras imediatamente ou buscar, antes de qualquer passo, restabelecer os contatos com outras regiões do país e preparar ações mais seguras e coordenadas num futuro próximo.

Eu carregava comigo dinheiro suficiente para sobreviver alguns meses e um bom documento. O pior, no entanto, era o isolamento e a ausência de qualquer contato com o mundo exterior à região. O golpe havia bloqueado tudo. Aos poucos conseguimos estabelecer uma rede de informação com militantes legais que circulavam de Valdivia para o interior. Pessoalmente, estava disposto a lutar e, se necessário, morrer, junto daqueles camponeses na defesa de um governo já destituído e contra a ditadura que se estabelecia. Mas se todos estávamos isolados, eu vivia uma dupla solidão. Pensava nos brasileiros e chilenos que estavam em Santiago, meus amigos e parte de minha convivência social, política e econômica. Tinham ficado lá os meus afetos, companheiros e companheiras. Me incomodava estar isolado de minha gente. Esse desconforto não era o fato de estar longe deles, mas pela situação da repressão que se abatia sobre Santiago e chegava até mim em pedaços. Tinha sede de notícias de Santiago, porém, somente muito depois vim a saber que o que estava acontecendo era pior do que alcançava minha imaginação, cuja referência ainda era a repressão golpista no Brasil de 1964.

Ao me deslocar para contatar um grupo de companheiros que estava do outro lado da estrada nacional, numa viagem de barco pelos rios, fui detido no cais em Valdivia por militares da Marinha e escoltado por um escritório do Exército, ainda no centro da cidade. Lá, fui recebido por um alto oficial, não sei se era o próprio comandante da IV Divisão do Exército, que vendo que era estrangeiro deu sinal para que me levassem. Um jipe me levou até um regimento do Exército ainda na cidade, de onde pude ver um ginásio esportivo com grande movimentação de gente entrando e saindo.

Durante três dias sofri as torturas clássicas. Pancadas, choques elétricos, telefones, tratamento de unhas, simulacros de fuzilamento e uma de que não tinha ouvido falar: corte da língua. Queriam saber onde estavam as armas e os nomes dos contatos na região. Como eu estava sozinho, sem endereço local, me apresentava

---

Prats, legalista, rejeitou o golpe e renunciou, tendo-se exilado na Argentina. Em 28 de setembro de 1974, ele e sua esposa foram mortos por um atentado a bomba colocada em seu carro por agentes da Diretoria de Inteligência Nacional (Dina), órgão central da repressão chilena, integrado por militares treinados por oficiais de inteligência estadunidenses na Escola das Américas, mantida pelos Estados Unidos no Panamá.

como um professor que estava há pouco tempo no Chile, vindo de Santiago, que pretendia sair do país por Bariloche. Queriam saber se eu tinha contatos com alguma guerrilha. Mantive a narrativa e, depois de três dias, me enviaram para a casa de detenção na ilha Teja, em frente a Valdivia.

Nesse regimento, os interrogatórios eram realizados no interior de um ginásio de esportes, em cuja quadra atuavam vários grupos com cinco ou seis torturadores que rodeavam o detido. Um grupo de oficiais circulava no local com perguntas mais incisivas e comprometedoras, pois vinham com mais informações sobre o interrogado. Nas arquibancadas, ao redor, ficavam os já torturados, quebrados o suficiente para não se mexerem, vigiados por recrutas armados. Dali ouvia-se apenas os gritos e gemidos dos que estavam na quadra. Ao chegar, pude ter uma visão geral desse ginásio por uma fresta em minha venda. Estimei em mais de quinhentas pessoas detidas para serem ou sendo interrogadas. O líder camponês em cuja casa havia dormido no dia seguinte ao golpe estava na prisão. Ele acabou se entregando a pedido de sua esposa e foi barbaramente torturado.

No dia em que me enviaram para a casa de detenção, foi comigo José Gregorio Liendo Vera, o comandante Pepe. Ele estava no caminhão que ia na frente do meu, sozinho. Já no que eu estava, éramos uns vinte. O traslado foi tarde da noite. Na prisão ficamos todos numa cela comum de triagem, onde uns dezesseis beliches estavam ocupados com dois prisioneiros em cada uma das camas e nós, recém-chegados, tivemos de dormir no gélido chão. Pepe foi levado para a cela solitária, no primeiro andar de um pavilhão contíguo, onde ficavam as celas individuais. No dia seguinte fomos transferidos para celas comuns com beliches. De noite, antes que nos trancássem, organizávamos palestras, reunindo presos de várias celas.

Pepe havia sido preso no dia 17 ou 18, eu no 18. Espantou-me constatar a inexperiência dos comandantes miristas. Pepe e mais uns dez ou doze companheiros tentaram assaltar o *retén* (posto) de carabineiros da pequena cidade de Neltume no dia 12 de setembro. Como o *retén* era uma pequena fortaleza, encontraram forte resistência dos *pacos* (designação popular para carabineiros), que pediram socorro via rádio. Com o insucesso da ação, o grupo levantou o cerco e os militantes debandaram. Passados poucos dias, Pepe foi detido com sua companheira em sua casa na região do assalto, para onde havia retornado, apesar de ser muito conhecido e identificado com o MIR. Esse relato me foi feito na prisão por vários miristas. Lá, éramos cerca de seiscentos prisioneiros, dos quais pouco mais de cem presos comuns. O domínio tinha sido construído e inaugurado no governo Allende e, ironias da história, seu arquiteto, do PS, estava preso conosco.

Durante o dia saíamos do pavilhão das celas e ficávamos no pátio gramado e no galpão coberto com as laterais abertas. Pela manhã, ao sair, e à tarde, ao entrar, éramos colocados em formação para a contagem dos detidos. O galpão coberto ficava em frente ao pavilhão dos detidos, em forma de L, com uma ala de dois andares onde ficavam as celas de isolamento, e outra bem maior, de quatro andares. Na quadra do galpão se formavam as "barracas", onde preparávamos as refeições. O número de prisioneiros era bem maior do que a capacidade do presídio. Cada barraca, para cerca de vinte pessoas, era "autossuficiente", com um pobre equipamento de cozinha e um fogão a gás de uma boca. Os alimentos eram fornecidos pelos familiares dos presos. Poucos, como eu, não tinham familiares, e éramos imediata e solidariamente acolhidos por alguma barraca. Recordo-me que na minha barraca estava José René Barrientos Warner, músico da orquestra sinfônica e integrante da direção regional do MIR. Ele se entregou a pedido da mulher grávida, como forma de preservar a integridade e a vida, como prometiam os comunicados da Junta Militar. Sempre calado, muito pensativo e preocupado.

Do local onde formávamos para a contagem no final das tardes, antes de regressarmos às celas, em frente à entrada principal e ao lado do pavilhão dos isolados no primeiro andar, podíamos ver as cabeças dos companheiros do MIR isolados nas pequenas janelas no alto das celas. Nesses momentos, eles cantavam músicas das revoluções Espanhola, Mexicana e Chilena. Era comovente e nos dava esperanças.

No dia 2 de outubro, entretanto, os companheiros isolados não cantaram, colocaram as cabeças nas janelas, que eram gradeadas, e faziam com as mãos sinal de degola. Fomos entender esses gestos dois dias depois quando chegou um tabloide com a informação de que doze dirigentes regionais do MIR haviam sido condenados à morte e executados por fuzilamento. No dia 3, foram assassinados o comandante Pepe e, no dia seguinte, outros onze miristas, entre eles o músico da sinfônica, que comia comigo e se entregou para não morrer. Foram fuzilados a mando de Arellano Stark, comandante da *Caravana de la muerte* (que circulou matando gente por todo o Chile seguindo ordens de Pinochet), no campo de tiro das Forças Especiais do Regimento n. 8 Llancahue de Valdivia.

No dia em que recebemos essa notícia, na hora da formação da tarde para a contagem, cantamos a Internacional, e à noite houve um terremoto que abalou a prisão, mas o alvoroço entre os presos foi maior por termos nos dado conta de que estavam retirando gente do presídio para ser fuzilada.

Numa das caminhadas para os exercícios diários, sempre em pequenos grupos, entre eles estava Juan, um líder camponês, e, enquanto discutíamos as dificuldades pela qual estávamos passando, vimos jogado na grama um pequeno pedaço de cartolina, virado. Recolhemos e lemos impresso: "*O si es yunque o si es martillo*"[10] ["ou se é bigorna, ou se é martelo"]. Rimos e concluímos que era a nossa vez de ser bigorna.

Nos primeiros dez dias de outubro fui chamado para buscar minhas coisas pois sairia. Naquelas circunstâncias, não se sabia muito bem o que significava sair. No quartel haviam roubado o dinheiro que levara, mas me devolveram a sacola

[10] Frase de Georgi Mikhailovich Dimitrov (1882-1949), fundador do Partido Comunista Búlgaro, secretário-geral do Comintern (Internacional Comunista) e primeiro-ministro da República Popular da Bulgária em 1946.

com as roupas. Nela, no lado sem fecho, estava um relógio Rolex de aço. Aqui, o folclore descoberto ao redigir esta memória: atrás do relógio havia uma inscrição que "abria" a identidade que me recusara a revelar sob tortura: "Ao Beluce, de seu pai, 1º de maio de 1968". Eu não me dera conta disso nem quando estava preso, nem depois, mas, para sorte minha, tampouco os inquisidores. O relógio veio parar em minhas mãos sem querer, pois, antes de iniciarem a tortura, eles o retiraram de meu braço e vi quando o colocaram na bolsa sem fecho, local sem proteção, e por isso, de tão óbvio, não revisaram quando me devolveram. O relógio hoje está com meu neto.

Com serviço de inteligência precário, a brutalidade é o que contava no processo de tortura do Chile. Não havia interrogatórios inteligentes que pudessem te fazer cair em contradições. Mas talvez isso fora pensado para ser assim mesmo. Seja como for, presenciei chilenos caindo nas pegadinhas: "Se entregar um, te soltamos" ou "você é mirista, guerrilheiro". Muitos respondiam: "Não, sou comunista", pois ser comunista significa ser favorável à transição pacífica para o socialismo e ser mirista significava ser guerrilheiro. O fato é que a força bruta generalizada, e não seletiva, era o método empregado, provavelmente pelo caráter massivo da repressão.

A solidariedade dos prisioneiros quando souberam que eu sairia foi imediata, imensa e comovente. Eu não tinha um tostão. Os da minha barraca fizeram uma vaquinha e me passaram alguns escudos para que eu me virasse nos primeiros dias, que sabíamos incertos. Tenho uma gratidão eterna a esses companheiros torturados cujos nomes não pude guardar.

Fui entregue a detetives da polícia civil, que me levaram para uma delegacia no centro de Valdivia. Havia duas celas pequenas no subsolo de uma casa velha de madeira, numa esquina em frente a uma praça. No primeiro dia, antes de me colocarem na cela, fui ao banheiro e por uma pequena janela vi o rio Calle-Calle a pouco mais de cem metros. E se eu pulasse a janela e corresse? Possivelmente chegaria ao rio antes que me alcançassem. Mas e depois do rio, para além da água gelada e de grande travessia, aonde eu poderia ir? E os marinheiros de patrulha? Não era uma boa ideia e além do mais iria contra a minha narrativa de que estava de passagem, e que vinha dando certo.

Fui informado que no dia seguinte me levariam a Santiago e que a Polícia de Investigações (PDI) de lá resolveria meu caso. Pediram dinheiro para duas passagens a Santiago, a minha e a do detetive[11] que me acompanharia, sendo para ele de ida e volta. Acontece que o dinheiro que tinha não era suficiente para tal. Depois de algum tempo e comunicações com Santiago, resolveram que eu ficaria detido e, por telex, pediriam informações sobre mim à PDI e, soube mais tarde, à Embaixada brasileira. Isso me tranquilizou. Meus dados falsos eram confiáveis. Mas teria o seu custo, pois a resposta demoraria a regressar.

[11] Detetive é a forma como os policias da PDI são conhecidos e chamados.

Colocaram-me numa cela no subsolo, com baixa temperatura, com uma pequena janela a quase quatro metros de altura, com gelo que ia se formando com a água que escorria pela parede. Sem colchão, tinha acesso a água uma vez ao dia, quando me deixavam sair para o toalete em frente. Sem comida, sem cama, sem cobertor, muito frio, não me movimentava muito para não gastar energia, nem ficava muito parado para não congelar. Com dores musculares por todo lado e a língua inflamada, o que mais me importunava era a solidão e ausência de informação. O que se passava em Santiago? O que se passava com amigos e companheiros?

Uma noite, colocaram em minha cela um jovem menor de idade, não mais de doze anos, acusado de roubo de comida, crime para o qual a pena era o fuzilamento. Pude ouvir sua mãe aos prantos no andar superior, gritando que era seu único filho e que não tinha feito por mal. Ela lhe mandou um pequeno sanduíche que ele repartiu generosamente comigo. No dia seguinte, cedo, levaram-no e nunca mais soube de sua sorte. Impossível expressar a gratidão que tenho por esse menino, que me emociona até hoje. Foi ele quem me ofereceu a única refeição na semana que passei naquela prisão.

Sete dias depois veio a boa notícia. Seria levado para Osorno e de lá expulso para a fronteira com a Argentina, em Bariloche. Era o que o dinheiro me permitia. Em Osorno novamente fui para uma prisão da PDI. Ao fazer o fichamento na chegada da delegacia, um detetive recolheu os documentos e pediu minhas coisas. Ao entregar o relógio, eu disse: "Guarde bem, pois é a única coisa de valor que me resta". E ele me respondeu: "E sua vida, não vale nada?" Abaixei a cabeça e vi que meu disfarce de professor alienado politicamente estava sendo batido por um detetive cristão. Mais tarde, ele perguntou se tinha quem me trouxesse comida; diante de minha resposta negativa, levou-me ao final do dia um sanduíche e uma chávena de chá. Disse que vinha de Santiago, que era democrata-cristão e que fora punido com a remoção para Osorno, onde vivia numa pensão com a esposa, responsável pela preparação de meu lanche. Desculpou-se por ter trazido apenas um, mas que era tudo o que podiam conseguir. Nos quinze dias em que ali estive, ele repetiu essa rotina, aproveitando para me passar também informações. Era minha única refeição diária de alimentos e notícias. Disse que estava havendo muitos assassinatos, torturas e prisões em Santiago. Ele era contra o golpe, mas nada podia fazer a não ser ajudar individualmente.

A delegacia era um prédio de alvenaria, relativamente novo. Além da parte administrativa, havia um pátio interno para banho de sol, uma ala com umas oito celas individuais, pequenas, cama de cimento, uma boca de lobo e nada mais. Do outro lado do pátio, era possível ver uma grande sala externa improvisada para alojar coletivamente as mulheres vindas de outro presídio. Havia mais de quarenta amontoadas pelo chão. Na porta da minha cela havia uma janela com grade pela qual eu podia ver e conversar com essas mulheres, que se juntavam na janela da sala do outro lado do pátio. Um sopro de alegria e humanidade. Me perguntavam sobre o Brasil, sobre a música popular e cantavam canções chilenas. Em voz baixa, relatavam as torturas a que estavam sendo submetidas e falavam sobre os assassinatos.

Na cela ao lado, estava um argentino com quem conversava nos banhos de sol. Sua mulher estava na cela feminina. Foram presos por serem estrangeiros e estavam à espera de serem deportados para a Argentina.

Demorou para sermos levados à fronteira, pois naquela época do ano é comum nevar na cordilheira e a passagem ficara fechada por dias. Em 20 de outubro, me levaram à administração dizendo que seria transportado. Estavam lá três detetives que nunca tinha visto e dois carros à disposição. Eu deveria esperar, pois estavam trazendo de outro presídio dois prisioneiros que iriam conosco. Finalmente a porta se abriu e entraram os novos prisioneiros. O detetive meu amigo falou: "Olha, este aqui também é brasileiro, vocês se conhecem?" Cada um de um lado na sala nos olhamos e pensamos a mesma coisa: "Só falta esse filho da puta estar entregando!" Afinal, nunca se sabe qual é o comportamento na prisão e na tortura de alguém. A estrutura e a preparação de cada um é importante e ajuda muito. Mas há outros fatores – políticos, conjunturais, psicológicos, organizacionais e até amorosos – que contam para o comportamento de alguém submetido a esse tipo de situação.

Na verdade, nós nos conhecíamos de Concepción. Ele era do MIR regional de lá e estava de passagem por Osorno quando o prenderam por ser estrangeiro. Estava ali para ir a Bariloche encontrar com sua mulher que tinha tido um filho quando veio o golpe. Esse fato o salvou, já que ninguém o conhecia em Osorno e ele manteve sua narrativa firme, tendo contado com a possibilidade de telefonar para a sua mulher, então avisada de sua prisão. Refiro-me ao Jun Nakabayashi, falecido há pouco. Ninguém entregou ninguém e todos nos salvamos.

Algemados, no caminho paramos na beira da estrada para urinar. Um dos novos detetives que nos escoltavam me chamou, afastando-me dos demais. Fiquei ressabiado, mas ele aos cochichos me disse que, estando fora do país, eu deveria denunciar o que estava ocorrendo, os assassinatos em massa, os desaparecimentos de pessoas e as torturas e que havia um massacre no Chile de Pinochet.

Fomos entregues aos carabineiros no posto de fronteira, do lado chileno, no alto dos Andes. Mais uma vez ficamos presos, Jun e eu na mesma cela, onde pudemos trocar as figurinhas e as perspectivas com tranquilidade. Esse reencontro furtivo com o Jun me valeu. Ali me contou que sua mulher o estava esperando do outro lado e nos ajudaria. Um caminhão nos transportou na boleia e nos entregou à polícia fronteiriça argentina que nos conduziu até um regimento do Exército em Bariloche.

Já não estávamos presos, mas no regimento fomos interrogados durante umas duas horas, primeiro eu, depois ele. Sem torturas, mas com perguntas capazes de confundir o despreparado. Ao sairmos, a esposa do Jun nos acolheu e nos conduziu a uma casa de professores universitários, que participavam de uma rede de apoio ao povo chileno. Quando na rua, ao irmos embora do quartel, finalmente aliviados, gritamos, puxado pelo Jun: "Liberdade, liberdade!" Um banho, uma boa refeição e o reencontro com pessoas com as quais se podia conversar e confiar. Recebemos roupas limpas e passagens de ônibus até Bueno Aires, onde já nos esperava na rodoviária uma militante do grupo que nos acolhera em Bariloche. Ela nos abrigou na *calle* Corrientes. Não há como não ser eternamente grato a ela e a todas as pessoas, mesmo algumas que pareciam estar do outro lado, por uma solidariedade que jamais pude retribuir, algo que, hoje, ficaria impossível, pois não sei nem mesmo seus nomes.

A partir daí, seriam muitas as histórias para sair da rede legal de solidariedade, já que era clandestino, as visitas aos amigos e companheiros no nosocômio na *calle* Combate de los Pozos[12], os desaparecimentos, a busca por asilo e a ida (no meu caso retorno) para a Argélia, com o Bona, a Celinha e os filhos, o Antônio Prestes de Paula, e os caminhos seguidos a partir daí ficam para depois, assim como ficam as histórias de antes de setembro.

Setembro de 1973 no Chile foi esse interregno entre a vida e a morte, entre o pré e o pós-revolucionário, entre o antes e o depois, entre o que éramos e o que já não somos, entre a unidade e a diversidade, é essa união solidária, às vezes solitária, mas que não nos deixa sozinhos mesmo passados cinquenta anos. O rio Cau-Cau desemboca no Calle-Calle. O Calle-Calle rodeia Valdivia e recebe o Cruces e juntos formam o rio Valdivia que deságua no mar. Assim somos e caminhamos.

À guisa de conclusão

Assim como um vaso de cerâmica achado por um arqueólogo ou o registro etnográfico de um ritual podem trazer à luz muita coisa de certas sociedades, o depoimento acima reproduzido tem a mesma riqueza e muito diz sobre o que se passou em Valdivia no imediato pós-golpe. Mais que isso, muito conta sobre o Chile, a América Latina e o mundo naquela quadra da história.

Como sugeriu Balibar, a eleição de Allende, o governo da UP e o golpe do Chile podem ser vistos como desenlace e "último elo da cadeia insurrecional mundial"[13] dos anos 1960 – Maio de 1968, movimentos de juventude por todo o mundo, Guerra do Vietnã, luta pelos direitos civis nos Estados Unidos, Primavera de Praga. Embora tendo raízes na história da sociedade chilena e das lutas de classe naquele país, o golpe foi parte da "estratégia acionada pelo capitalismo para neutralizar as forças que haviam ameaçado

[12] Local onde foram albergadas as pessoas que haviam buscado refúgio na embaixada argentina em Buenos Aires, a maioria brasileira.

[13] Etienne Balibar, "Retour sur insurrection. Sur l'interprétation de Mai 68 (I)", *Mediapart*, *Le Club de Mediapart*, 14 jan. 2019. Disponível on-line.

sua hegemonia durante os anos 68 e destruir as condições de possibilidade de sua convergência"[14].

Nunca será demais lembrar que o Chile de Pinochet, sob brutal repressão, foi a plataforma piloto onde os "Chicago Boys"[15] fizeram os primeiros experimentos de implantação da resposta neoliberal à crise sistêmica, que pouco depois seria adotada no Reino Unido e nos Estados Unidos por Margaret Thatcher (entre 1979-1990) e Ronald Reagan (entre 1981-1989). Foi na esteira do Consenso de Washington que se assistiu à intensificação da exploração, à desconstituição da classe operária, à fragilização de sindicatos, ao incremento das desigualdades entre países e dentro dos países, no centro e nas periferias do capitalismo mundial. E, no caso da América Latina, à desindustrialização, reprimarização e recolonialização de nossa economia.

É com as heranças dessas derrotas que nos defrontamos ainda hoje. O passado se faz presente, pois, como dizia Marx, "os homens fazem a sua própria história, mas não a fazem segundo a sua livre vontade; não a fazem sob circunstâncias de sua escolha e sim sob aquelas com que se defrontam diretamente, legadas e transmitidas pelo passado"[16]. Embora nos assombrando em nossos pesadelos, esse passado pode e deve ser permanentemente resgatado, pois nos ajuda a entender o presente e a inspirar a invenção de futuros.

[14] Ibidem.

[15] Paulo Guedes, ministro da Economia do governo Bolsonaro, também fez doutoramento de economia na Universidade de Chicago e esteve no Chile para acompanhar de perto as políticas implementadas.

[16] Karl Marx, *O 18 de brumário de Luís Bonaparte* (trad. Nélio Schneider, São Paulo, Boitempo, 2011 [1852]), p. 25.

Imperialismo e fascismo em acusação

JOÃO QUARTIM DE MORAES

O primeiro tribunal

Em 1966, com 94 anos de idade, o grande filósofo britânico Bertrand Russell, que na primeira década do século XX havia revolucionado os fundamentos lógicos da matemática e da filosofia da linguagem, pôs-se à frente da convocação de um Tribunal Internacional de Crimes de Guerra para julgar as inomináveis atrocidades que acompanhavam a intervenção bélica dos Estados Unidos no Vietnã. No início de 1967, ele lançou *War Crimes in Vietnam* [Crimes de guerra no Vietnã], um livro básico do pensamento anti-imperialista, reunindo nove escritos incisivos e bem documentados, acrescidos do texto de três discursos, entre os quais aquele que ele dirigiu pela rádio da Frente Nacional de Libertação vietnamita aos soldados das tropas invasoras estadunidenses. A coletânea apresenta ainda dois anexos: a defesa e ilustração dos objetivos do Tribunal Internacional de Crimes de Guerra e uma reportagem de Ralph Schoenman, que percorreu o Vietnã do Norte sob uma chuva incessante de bombas e armas químicas lançadas pelo Pentágono em nome da "democracy".

Para Russell, o caráter imperialista da guerra era evidente. Mas ele inicia o livro explicando por que essa evidência permanecia obnubilada: "O racismo do Ocidente, especialmente o dos Estados Unidos, criou uma atmosfera na qual é extremamente difícil deixar clara a responsabilidade estadunidense por problemas que são considerados 'internos' dos países subdesenvolvidos". A guerra em curso, prossegue, é apresentada como "produto inevitável e trágico da pobreza, do atraso e da selvageria, supostamente inerentes ao Sudeste Asiático"[1].

Reunido em maio de 1967 em Estocolmo, o Tribunal compunha-se de 25 membros, todos reconhecidos defensores de direitos sociais e de causas

[1] Bertrand Russell, *War Crimes In Vietnam* (Nova York, Monthly Review Press, 1967), p. 9.

humanitárias. Entre eles havia ganhadores do Prêmio Nobel e de outras honrosas distinções. A presidência foi atribuída a Jean-Paul Sartre, que em seu discurso de abertura ponderou que o julgamento dos crimes dos nazistas no Tribunal de Nuremberg mostrou a necessidade de uma instituição destinada a investigar os crimes de guerra, mas que nem os governos nem os povos eram capazes de criá-la. Por isso, acrescenta não sem certa ironia: "Estamos perfeitamente conscientes de que não recebemos mandato de ninguém, mas se tomamos a iniciativa de nos reunir é porque sabíamos que ninguém podia nos conferir mandato. O Tribunal Russell [...] considera que sua legitimidade provém tanto de sua perfeita impotência quanto de sua universalidade"[2].

Cerca de trinta testemunhas depuseram, relatando os tétricos efeitos dos criminosos bombardeios na população vietnamita. Um menino mostrou no Tribunal seu tronco e ventre atrozmente deformados pelo napalm. Baseando-se nos conceitos de "crime contra a paz" e de "crime de guerra" introduzidos no direito internacional penal pelo processo de Nuremberg e tendo em vista a Declaração Universal dos Direitos Humanos de 1948, o Tribunal decidiu em 4 de dezembro de 1967, no final de sua segunda sessão, realizada em Roskilde (Dinamarca), declarar o governo estadunidense culpado do crime de genocídio do povo vietnamita.

Russell morreu em 2 de fevereiro de 1970, mas o impacto moral e político do Tribunal do qual ele tinha sido o grande inspirador foi considerável. Seu nome foi merecidamente associado, *post mortem*, ao novo Tribunal Internacional, dito Russell II, sobre a repressão no Brasil, no Chile e na América Latina, cujo principal organizador foi Lelio Basso, senador, jurista e membro proeminente da esquerda socialista italiana, que havia atuado em Estocolmo.

Rumo ao Russell II: a tragédia chilena

A nova iniciativa retomava características básicas da experiência do Tribunal Russell I: organização extrapartidária autônoma; mobilização de intelectuais, notadamente juristas, dirigentes políticos e sindicais, escritores, artistas; procedimentos de investigação, coleta de provas, depoimento de testemunhas. Havia também diferenças evidentes: dessa vez, denunciados e acusados não eram os genocidas da máquina de guerra estadunidense, mas as ditaduras militares da América do Sul.

Quando o senador Basso iniciou a articulação do Tribunal Russell II, era sobretudo o terrorismo do Estado brasileiro que suscitava a indignação internacional, em especial nos meios progressistas europeus. Visitando o Chile em 1971, durante as transformações revolucionárias promovidas pelo governo de Unidade Popular presidido por Salvador Allende, ele conversou com um grupo de exilados brasileiros a respeito da viabilidade de montar

[2] Jean-Paul Sartre, "Discours inaugural", em Vladimir Dedijer, Arlette Elkaïm, Catherine Russell (orgs.), *Tribunal Russell, le jugement de Stockholm* v. 1 (Paris, Gallimard, 1967), p.28.

um tribunal que julgasse os crimes cometidos pelo regime militar, que institucionalizara no AI5 seu caráter abertamente terrorista. A sombriamente degradada imagem internacional do Brasil naqueles tempos pode ser aquilatada por um exemplo sintomático: Georges Pompidou, sucessor do general De Gaulle na presidência da França, numa alocução radiofônica, referiu-se indireta mas inequivocamente ao Brasil como "*le pays de la torture*" [o país da tortura]. O ambiente político europeu era, pois, propício à iniciativa de Lelio Basso. Onde havia núcleos significativos de exilados brasileiros, ele estimulou a formação de comitês que reunissem documentos comprovando a sistemática violação dos direitos humanos no Brasil. Também se ocupou de obter os fundos indispensáveis à organização do Russell II, à divulgação de seus objetivos e à mobilização da esquerda anti-imperialista europeia.

A convocação formal do tribunal estava prevista para novembro de 1973. Dois meses antes, porém, o golpe militar desfechado pela cúpula fascista das Forças Armadas instaurou sob o mando do general Pinochet um regime de terror no Chile. A morte heroica do presidente Salvador Allende, resistindo até o fim, reverberou no mundo inteiro. Ele recusou com altivez o *ultimatum* dos chefes da sedição fascista, que fixaram para as 11 horas o início do ataque ao Palácio de La Moneda. Sua última mensagem, transmitida pela rádio Magallanes, emissora do Partido Comunista do Chile, continha uma despedida junto a uma derradeira declaração de confiança no povo e no curso da história:

> Compatriotas, esta será certamente a última chance de me dirigir a vocês. [...] Não vou renunciar! Posto neste momento histórico, pagarei com a minha vida a lealdade ao povo. E digo que tenho a certeza de que a semente que entregamos à consciência digna de milhares e milhares de chilenos não poderá ser ceifada definitivamente. Eles têm a força, podem nos avassalar, mas os processos sociais não são detidos nem pelo crime nem com a força. A história é nossa e são os povos que a fazem.[3]

Os disparos dos tanques e o voo rasante de dois caças Hawker Hunter, de fabricação britânica, anunciaram o assalto final, que começou às 11h50. Foguetes lançados pelos caças explodiram no interior do Palácio, provocando um incêndio. Um pelotão do Exército ocupou o pátio e iniciou a invasão do prédio. Segundo a versão mais aceita, decidido a não cair vivo nas mãos dos golpistas, Allende reservou para si uma bala do fuzil que empunhava.

A rádio Magallanes também caiu de pé. Antes de ser tirada do ar, transmitiu o discurso-testamento de Allende e em seguida a canção do grupo Quilapayún, que se perenizaria como o hino da luta contra o fascismo militar, "El pueblo unido jamás será vencido". O regime golpista recorreu, desde as primeiras horas, a operações de aniquilamento para quebrar a resistência

[3] Salvador Allende, "Último discurso", em Vladimir Safatle (org.), *A revolução desarmada: discursos de Salvador Allende* (trad. Emerson Silva, São Paulo, Ubu, 2014), p. 158-9.

popular. Os Cordones Industriales, organizações de poder local do movimento operário, foram aniquilados um após o outro; corpos de militantes da Unidade Popular eram lançados no rio Mapocho, que atravessa Santiago; o Estádio Nacional transformou-se em campo de concentração de mais de vinte mil prisioneiros, via de regra torturados, muitos deles executados sumariamente.

Perante a comoção internacional provocada por tão terrível tragédia, Lelio Basso e os demais organizadores do novo tribunal atenderam imediata e convictamente ao pedido de Hortensia Allende, viúva do presidente, para incluir o Chile, ao lado do Brasil, na agenda do Russell II. Em 6 de novembro de 1973, foi formalmente anunciado em Bruxelas o início dos trabalhos do Tribunal Russell II sobre a repressão no Brasil, no Chile e na América Latina. A data e o local do lançamento haviam sido escolhidos para responder a uma megaexposição montada com o objetivo de atrair investidores dos "ambientes de negócios" do grande capital europeu, celebrando o falacioso "milagre brasileiro". Na capital da Bélgica estavam instalados os órgãos burocráticos da Comunidade Econômica Europeia (CEE), antecessora da União Europeia, bem como os da Organização do Tratado do Atlântico Norte (Otan), máquina de guerra do "Ocidente" imperialista.

De Roma a Roma

A primeira sessão de julgamento do Tribunal Russell II, presidida por Lelio Basso, ocorreu em Roma, de 30 de março a 6 de abril de 1974. Ao longo de treze audiências, as graves violações dos direitos humanos e das liberdades fundamentais que ocorriam nas ditaduras militares do Brasil, do Chile, do Uruguai e da Bolívia foram amplamente documentadas e comprovadas por testemunhas de inatacável idoneidade. O Tribunal elaborou uma lista de mais de mil torturados no Brasil, identificando também muitos torturadores e descrevendo os métodos atrozes de que estes se serviam para extorquir rapidamente informações que permitissem localizar e aniquilar os núcleos de resistentes ou tidos como tais. Também no Uruguai, onde se desenvolveram movimentos de luta revolucionária, a tortura foi sistematicamente empregada com o mesmo objetivo.

No Chile, onde os golpistas exibiram de imediato sua fúria homicida, a tortura serviu para destruir fisicamente os militantes da causa popular, antes de se tornar, como alhures, um método sórdido de coleta de informações. Na Bolívia, o curto governo patriótico e progressista do general Juan José Torres (1970-1971) foi derrubado por um golpe da extrema direita militar, acintosamente apoiado pela Embaixada dos Estados Unidos, que instaurou a ditadura criptofascista do general Hugo Banzer.

Em nome da resistência popular em seus respectivos países, tomaram a palavra o ex-governador Miguel Arraes, então exilado em Argel, o senador Zelmar Michelini, da Frente Ampla uruguaia, exilado em Buenos Aires, e Carlos Vassallo, último embaixador na Itália do governo legal do Chile. Naquele momento, a ditadura militar no Brasil completava uma década, mas no Uruguai ela remontava a 27 de junho de 1973 e no Chile a 11 de setembro do mesmo ano.

Coube a Arraes tomar a palavra logo no início dos trabalhos. Ele salientou o agravamento das desigualdades sociais e a forte queda do poder aquisitivo dos salários na cidade e no campo desde 1964, mostrou que estava em curso uma "reforma agrária" ao contrário, com ampla distribuição de terra aos latifundiários, e denunciou a alienação ao capitalismo imperialista de setores-chave da economia.

Embora com menos impacto internacional, porque a instauração da ditadura aberta passou por uma lenta e gradual supressão dos direitos e garantias do Estado liberal-democrático, o terror policial-militar no Uruguai atingiu enormes proporções, como mostrou o senador Michelini em sua intervenção. Pelo menos 5 mil cidadãos haviam sido torturados e 40 mil aprisionados em uma população total de 2,5 milhões de habitantes. Num país como a Itália, com 50 milhões de habitantes, o número de torturados e aprisionados seria proporcionalmente vinte vezes maior.

Ao término das atividades da primeira sessão, o Tribunal concluiu que "as autoridades que, de fato, exercem o poder no Brasil, no Chile, no Uruguai e na Bolívia" foram declaradas "culpadas de violações graves, repetidas e sistemáticas dos direitos humanos". Consideradas em conjunto, essas violações configuram "um crime contra a humanidade cometido em cada um dos quatro países em questão pelas próprias autoridades que exercem o poder"[4]. Abrindo em Bruxelas a segunda sessão do Russell II, que transcorreu de 11 a 18 de janeiro de 1975, Lelio Basso salientou a repercussão dessas atividades não somente em organismos internacionais, como o Comitê de Direitos Humanos da ONU, mas também "em todas as partes do mundo".

Uma das intervenções que suscitaram grande interesse nas audiências de janeiro de 1975 foi a do ex-ministro Pedro Vuskovic, um dos principais elaboradores da política econômica do governo de Allende. Ele começou por um conciso retrato da situação de seu país, dezesseis meses depois do *putsch* militar-fascista. Prosseguiam o estado de sítio, o toque de recolher, a onipotência dos tribunais militares e sobretudo prisões e assassinatos de militantes e de operários resistentes. A previsível deterioração das condições de existência e de trabalho das massas populares se confirmava: brutal redução do poder de compra, taxas inéditas de desemprego, fechamento em larga escala de pequenas e médias empresas, reaparecimento de grandes contingentes de moradores de rua, que haviam saído da miséria durante o governo de Unidade Popular. Vuskovic também insistiu no papel dos trustes e do governo estadunidense na desestabilização da democracia chilena.

[4] Giuseppe Tosi e Lúcia de Fátima Guerra Ferreira (orgs.), *Brasil, violação dos direitos humanos – Tribunal Russell II* (trad. Fernando de Souza Barbosa Júnior, João Pessoa, Editora da UFPB, 2014), p. 372.

Na agenda da terceira e última sessão do Russell II, que transcorreu em Roma, de 10 a 17 de janeiro de 1976, estavam incluídas as intervenções militares dos Estados Unidos, as modalidades de dominação cultural imperialista, a montagem de sistemas jurídicos a serviço dos regimes militares e a estrutura do poder fascista. Também foram examinadas as violações dos direitos do homem e do cidadão na Guatemala, no Haiti, no Paraguai e na República Dominicana, bem como as dos indígenas do Brasil, vítimas do que foi considerado crime de genocídio cometido pelo governo militar.

Não escapou ao Tribunal a gravíssima deterioração das instituições políticas argentinas, fragilizadas pelo confronto violento entre alas opostas do peronismo. Chefe da ala de extrema direita e ministro mais poderoso da presidente María Estela Perón, José López Rega deu carta branca à Aliança Anticomunista Argentina, dita Triple A, que ele tinha organizado para proceder a operações de extermínio de militantes da esquerda, inclusive os que lá estavam exilados. O governo da Argentina foi condenado pelo Russell II por violar "todos os princípios do direito de asilo e cooperar em seu território na perseguição dos refugiados latino-americanos, pelas polícias de seus respectivos países".

Entretanto, pouco mais de dois meses após essa condenação, em 24 de março de 1976, um golpe militar chefiado pelo general Videla instaurou um regime terrorista cujos crimes contra a humanidade se inscrevem entre os mais sórdidos e odiosos cometidos pelo militarismo fascista latino-americano.

Meio século depois

Os dois tribunais Russell deixaram um precioso legado ao movimento anti-imperialista e antifascista. Infelizmente, no ambiente reacionário e neocolonialista que tem prosperado na Europa atual, tão diferente daquela que foi solidária na luta de libertação nacional do povo vietnamita e acolheu os refugiados do terrorismo militar de extrema direita, tribunais internacionais como o de Haia servem sobretudo para satanizar, condenar e punir governos que se opõem ao neoliberalismo e ao hegemonismo dos Estados Unidos e de seus sócios menores do Velho Mundo.

Não há mais ditaduras militares na América Latina. Mas a dinâmica neofascista que nos anos 1960-1970 levou à instauração dos regimes de exceção do Cone Sul, longe de ter sido extinta, reativa-se em situações críticas, como mostraram o catastrófico surto bolsonarista e o golpe que derrubou Evo Morales em 2019. A homenagem das forças vivas da sociedade chilena à memória dos que, há cinquenta anos, caíram de pé enfrentando o golpe de Pinochet, a começar pelo presidente Salvador Allende, deve também ser compreendida como um ensinamento para o futuro.

HOMENAGEM

Zé
ou a beleza da vida coletiva

JEAN TIBLE

José Celso Martinez Corrêa foi uma das figuras mais entusiasmantes, gostosas e gozosas da cultura, da política e da vida.

Devorou o teatro revolucionário europeu de Stanislavski, Meyerhold, Artaud, Brecht e Grotowski, dando coletivamente corpo ao Teat(r)o Oficina Uzyna Uzona. Personagem do terceiro-mundismo, deslocou a incitação de Che Guevara pela multiplicação da subversão vietcongue ao perceber o papel do teatro na "abertura de uma série de Vietnãs no campo da cultura – uma guerra contra a cultura oficial, de consumo fácil"[1]. Zé Celso compõe essa geração que pensou-sonhou-tentou concretizar um brazyl – com Cacilda, Celso Furtado, Darcy, Guerreiro Ramos, Glauber... – por meio da "contribuição milionária de todos os erros"[2], a abertura de caminhos e perspectivas originais: a descolonização como conduta e ética de sua vida-obra e a antropofagia[3] como confluência e inspiração dessas experimentações subversivas, numa efervescência político-cultural que vai ser duramente golpeada pelos militares e pela classe dominante em 1964 e novamente no fim de 1968 com o AI-5.

O Oficina viveu, em Paris, o Maio de 68 com o *Rei da Vela* e na sequência, no Brasil, incendiaram a cena com *Roda Viva*, que será duramente reprimida pelos grupos de extrema direita e proibida pela censura. Após prisão e tortura, Zé habitará a Revolução dos Cravos (dos conselhos e do poder popular) em Lisboa e a celebração da vitória da independência em Maputo, com o nascimento coletivo moçambicano em 1974-1975. Mergulhou também no sertão e se transfigurou no abolicionista Antônio Conselheiro na comuna-Canudos.

---

1 José Celso Martinez Corrêa, "O poder de subversão da forma (por Tite Lemos)" [1968], em Karina Lopes e Sergio Cohn (orgs.), *Zé Celso Martinez Corrêa* (Rio de Janeiro, Azougue, 2008), p. 16.

2 Oswald de Andrade, "Manifesto da Poesia Pau-Brasil", *Correio da Manhã*, 18 mar. 1924.

3 Oswald de Andrade, "Manifesto Antropófago", *Revista de Antropofagia*, ano 1, n. 1, maio 1928.

Neste século, não cessou de insistir na direção político-existencial dos povos indígenas e quilombolas e é nesses termos que vai compreender o embate entre Oficina e Grupo Silvio Santos. Como ocorre com os povos da terra e nas múltiplas ocupações na cidade e no campo, se escancara a incompatibilidade dos seus modos de vida com o universo capitalista, encenada recorrentemente na deglutição do inimigo, na radical sabedoria de se lidar com o antagônico, ou seja, o Parque do Rio Bixiga contra as fálicas torres e o projeto monocultural do Grupo SS. Essas semanas, as mais quentes já registradas na história, só reforçam a urgente atualidade de reavivar as águas e matas da cidade, inclusive em seu centro. A infraestrutura marxista ampliada, da economia para a vida[4]: um teatro-rua, teatro-pista, teatro-multidão, teatro-carnaval, do janelão de vidro em sua conexão com a urbe, atravessado pela Cesalpina, árvore-totem – que nasce dentro do teatro de Lina e atravessa pra fora. O transbordar de uma cosmopolítica; terra e democracia sendo semeadas[5]. Zé, nesses últimos meses, estava mergulhado na dramaturgia de *A queda do céu*[6], prestes a iniciar um trabalho inédito com artistas indígenas.

Zé era de marcante generosidade com os jovens[7], tendo o Oficina lançado para o mundo uma abundância de atrizes, atores e artistas. Sempre atento às novas irrupções – as incluindo a toda hora nas peças, em transformação permanente –, foi pioneiro, na linha do bárbaro tecnicizado de Oswald, na filmagem e transmissão dos espetáculos. Em entrevista nas semanas seguintes às revoltas de junho de 2013, com a brasa ainda quente, Zé Celso situa a virada nos termos de uma retomada de "um espírito de aqui e agora, uma coisa que é '1968'. [...] Em duas semanas, o Brasil mudou. Tudo mudou, e tudo tem que mudar"[8]. Vai, ainda, pescar a dimensão subversiva dos vinte centavos e da proposta geral do MPL como "uma metáfora para o passe livre de tudo, inclusive do teatro"[9]. E encara os protestos como um coro; não "os coros de musical

---

[4] Hugo Albuquerque, James Hermínio Porto da Silva e Gregorio Gananian, "A natureza é a infraestrutura da vida", entrevista com José Celso Martinez Corrêa, 7 jul. 2023. Disponível on-line.

[5] Vale ver a conversa "A voz dos que cultivam a terra", com Sonia Guajajara, Guilherme Boulos e Zé Celso, 6 jun. 2016. Disponível on-line na TV UZYNA, canal de YouTube do teatro.

[6] Davi Kopenawa e Bruce Albert, *A queda do céu: palavras de um xamã Yanomami* (trad. Beatriz Perrone-Moisés, São Paulo, Companhia das Letras, 2015).

[7] Eu mesmo vivi isso. Quando fui lançar, em 2013, o livro *Marx selvagem*, me veio a sensação de que o único lugar adequado era o Oficina. Conhecia Zé das peças e das manifestações, mas nunca havíamos conversado. Ele se entusiasmou e daí começou uma amizade-amor. O lançamento foi filmado e termina com uma linda fala dele (min. 45), seguida de ciranda (disponível on-line no canal de YouTube da Fundação Perseu Abramo). Meu livro seguinte, *Política selvagem*, também lançado lá, no ano passado, é dedicado a oito mestres – Zé é um deles.

[8] Daniel Douek, "Entrevista com Zé Celso Martinez", *Centro de Pesquisa e Formação – Sesc São Paulo*, 12 jul. 2013. Disponível on-line.

[9] Idem.

americano, de levantar a perna na hora certa. São coros como o futebol, de indivíduos que jogam, que entram em contato com o público"[10]. Invocando Artaud[11] e um panteão do teatro, diz "incentivar o poder humano neles, de se autocoroarem. De cada pessoa emanar o seu poder. Teatro é democracia direta. Instantanérrima". Em contraposição a "todas as catracas, as jaulas, as coisas que fecham, você tem que ir driblando, driblando, driblando para emergir, dar o que você sabe e receber dos que sabem, dos que estão sabendo agora"[12].

"Venho de uma coisa muito anterior a mim mesmo", dizia ao ser perguntando sobre o futuro do Oficina e invocando Dionysos e Eros[13]. Pelo Zé e pelo bairro (a bandeira do Vai-Vai cobrindo belamente seu caixão), devemos conquistar o Parque do Rio Bixiga. A comuna-Oficina seguirá, mutação de apoteose, como um laboratório da felicidade guerreira de corpos elétricos no terreyro eletrônico. Vai re-existir, puxada pelas bacantes, nessa dimensão recorrentemente colocada por Zé de "um trabalho de libertação, inclusive de si mesmo", que se conjuga ao "sentido de libertar a força de produção que todo mundo tem e, com a soma dessa força de produção, rebentar as relações de produção velhas que estão te reprimindo", constituindo assim "o movimento revolucionário"[14]. Exu das artes cênicas (honraria dada por Mãe Stella de Oxóssi), sai de cena miticamente com o fogo, como Sara Antunes tão justamente colocou. Em toda sua plena existência, Zé professou e exerceu, com humor y amor, o luxo comunal[15] da classe que produz, transforma e cria – o emblema do Oficina sendo, não por acaso, a bigorna de ferreiro de Ogum.

A beleza da vida coletiva.

No ofício e sacerdócio teatral, nas paixões e no modesto apartamento compartilhado. No teat(r)o do comum dos corpos ancestrais dionisíacos e na materialidade das aberturas psicoativas e da construção de um templo da criação, a vida como desejo[16].

O palhaço contra o palácio.

O phoder contra o poder.

Zé, revolucionário.

---

[10] Idem.

[11] Antonin Artaud, *Heliogabalo ou O anarquista coroado* (trad. Zé Celso Martinez Corrêa, São Paulo, n-1, 2022 [1934]).

[12] Daniel Douek, "Entrevista com Zé Celso Martinez", cit.; Iara Biderman, "'Tenho muita libido, muito amor e sei levar ao êxtase', diz Zé Celso aos 80", *Folha de S.Paulo*, 18 jan. 2018. Disponível on-line.

[13] Entrevista no Roda Viva, TV Cultura, em 2004. Disponível on-line no canal de YouTube do programa.

[14] Heloísa Buarque de Hollanda e Carlos Alberto M. Pereira, "A volta de Zé Celso" [1979], em Karina Lopes e Sergio Cohn (orgs.), *Zé Celso Martinez Corrêa*, cit., p. 88.

[15] Kristin Ross, *Luxo comunal: o imaginário político da Comuna de Paris* (trad. Gustavo Racy, São Paulo, Autonomia Literária, 2021).

[16] Joaquim Castro e Lucas Weglinski, *Máquina do Desejo*, 2022, 1h50min.

LANÇAMENTOS DA BOITEMPO

tradução: **Diogo Faria Fagundes**
revisão técnica e orelha: **Elias Jabbour**
capa: **Maikon Nery**
480 páginas

COMO A CHINA ESCAPOU DA TERAPIA DE CHOQUE

O debate da reforma de mercado

ISABELLA M. WEBER

"Este livro traz a interpretação mais convincente que já li acerca da reforma chinesa e sua capacidade de promover crescimento e transformação, preservando a coesão social e a união da sociedade. É o produto de uma mente independente, investigativa, aberta – o único tipo de mente do qual se pode esperar compreensão do fenômeno que é a China hoje. Trabalho de uma economista de primeira linha." — James K. Galbraith, Universidade do Texas

Primeira obra da economista Isabella Weber, este livro é uma análise original e fecunda das reformas econômicas que moldaram o caminho da China ao longo das últimas décadas. Fruto de extensa pesquisa e uma quantidade substantiva de entrevistas, o livro apresenta as ações que permitiram ao país asiático seguir o caminho da reindustrialização gradual e chegar ao século XXI como uma das principais potências mundiais.

orelha: **Roseli Figaro**
quarta capa: **Sadi Dal Rosso**
capa: **Maikon Nery**
552 páginas

ICEBERGS À DERIVA

O trabalho nas plataformas digitais

RICARDO ANTUNES (ORG.)

A obra oferece um estudo profundo e multidisciplinar sobre o trabalho nas plataformas digitais e a expansão sem precedentes desse modelo, tanto no Brasil quanto no restante do mundo.

Os 28 artigos de diferentes pesquisadores, nacionais e internacionais, analisam o fenômeno social que emerge com o trabalho cada vez mais plataformizado/uberizado e que se intensificou durante a pandemia da covid-19. As reflexões desenvolvidas na obra apresentam novos dados, empíricos e analíticos, e a luta dos trabalhadores para a regulação dessas plataformas e para a obtenção de direitos e melhores condições de trabalho.

Textos de Alexandre Arias, Carolina Di Assis, Cílson César Fagiani, Claudia Mazzei Nogueira, Cristopher Sad, Daniela Muradas Antunes, Denise Vieira, Fabiana Scoleso, Fabiane Santana Previtali, Fabio Perocco, Fabio Scolari, Fabrizio Denunzio, Gabriel Fardin, Gabriela Neves Delgado, Geraldo Augusto Pinto, Giovanni Alves, Graça Druck, Guilherme Henrique Guilherme, Henrique Amorim, Isabel Roque, Iside Gjergji, Iuri Tonelo, Jamie Woodcock, José Dari Krein, Luci Praun, Ludmila C. Abílio, Marcela Soares, Marcelo Manzano, Marco Aurélio Santana, Marco Gonsales, Mariana Shinohara Roncato, Murillo van der Laan, Paulo Marques Alves, Pietro Basso, Rafael Grohmann, Renata Queiroz Dutra, Ricardo Festi, Thiago Aguiar, Valéria de Oliveira Dias e Vitor Araújo Filgueiras

RESENHA

Walter Benjamin *à l'esprit*

GABRIEL S. FIGUEIREDO

Daniel Bensaïd: intelectual em combate
Fabio Mascaro Querido. Belo Horizonte, Fino Traço, 2022. 272 p

As ideias nascem e se fazem no tempo. Não num tempo reduzido ao espaço, quantitativamente demarcado, mas num tempo qualitativo, saturado de experiências. Produtoras e produtos do tempo, as ideias não são, entretanto, facilmente apreendidas dessa maneira; está sempre à espreita a tentação de autonomizá-las em demasia, considerando-as fora ou além do tempo, ou a de, inversamente, reduzi-las a ele, apreendendo-as como seu mero reflexo. Fundir "texto e contexto numa interpretação dialeticamente íntegra", como queria Antonio Candido[1], não é tarefa simples; no livro em questão, porém, é realizada como se o fosse.

Numa prosa ágil, mas sem se perder na descrição, Fabio Querido nos leva às nuances do pensamento de Daniel Bensaïd, formulado e reformulado pelas demandas apresentadas pela práxis – a qual conhecia de perto, como dirigente político e um dos principais intelectuais militantes da Liga Comunista (LC), posteriormente Liga Comunista Revolucionária (LCR). A exposição articula, nesse sentido, o vínculo entre o pensamento de Bensaïd e seu engajamento político, ao mesmo tempo que revela os aspectos materiais e espirituais dos momentos em que suas ideias se construíram.

A iluminação da trajetória de Bensaïd – situado na condição de "intelectual militante" ou "militante intelectual"[2] – tem como parâmetro o modo como ele recebeu e incorporou ativamente as reflexões de Walter Benjamin em torno da história, por ser esta uma dimensão decisiva tanto em sua

1 Antonio Candido, *Literatura e sociedade* (Rio de Janeiro, Ouro sobre Azul, 2006), p. 13.

2 Fabio Mascaro Querido, *Daniel Bensaïd*, cit., p. 173.

trajetória política como intelectual[3]. A partir desse parâmetro, a "sociologia crítica dos intelectuais" empreendida por Querido sublinha as mudanças na obra e na trajetória de Bensaïd à luz de seu reposicionamento intelectual e político, operado em meio às "transformações histórico-políticas que se iniciaram no final dos anos 1970", para o qual encontrou em Walter Benjamin um aliado central[4]. Assim, a arquitetura interna do livro se estrutura em três partes: antes, durante e depois da incorporação das reflexões benjaminianas pelo autor.

Michael Löwy, autor sobre o qual Fabio Querido já publicara um livro[5], é presença marcante também nesse trabalho. Isso porque – explicita a introdução – sua tese de doutorado, da qual o livro sobre Bensaïd constitui uma versão, abarcava também a trajetória de Löwy; mais primordialmente, no entanto, pelas "afinidades benjaminianas" entre os autores, que encontraram no crítico alemão "uma bússola intelectual e política para se guiar em meio às mudanças com as quais se deparavam"[6]. Além disso, também porque "a dinâmica e as mudanças do itinerário intelectual de Bensaïd" podem ser mais bem apreendidas, segundo Querido, por meio da comparação com Löwy, "como se o percurso de um espelhasse o outro, num contraste em que ambos se entrelaçam como 'vasos comunicantes'" em busca da renovação da tradição marxista, a qual se recusam a abandonar ou "simplesmente celebrar"[7].

* * *

A incorporação do pensamento de Walter Benjamin por Daniel Bensaïd tem início em meados dos anos 1980, período que assistia ao declínio gradativo, desde a segunda metade da década de 1970, de um horizonte revolucionário no curto ou médio prazo[8]. Numa direção diferente do disciplinamento da obra benjaminiana, violada pela compartimentalização acadêmica em sua recepção, Bensaïd se apoia em "afinidades [...] entre a reflexão do filósofo alemão" e essa "atmosfera cultural e ideológica" que lhe era contemporânea. Nesse sentido, a "atualidade de Benjamin", para ele, dizia respeito sobretudo "à sua capacidade de 'responder' [...] aos dilemas da modernidade burguesa [...] sem renunciar, porém, à aposta em uma grande narrativa heterodoxa sobre a possibilidade de uma bifurcação histórica"[9], quer dizer, uma interrupção do contínuo dos vencedores: a possibilidade da revolução.

---

3 Ibidem, p. 111.

4 Ibidem, p. 229.

5 Idem, *Michael Löwy: marxismo e crítica da modernidade* (São Paulo, Boitempo, 2016).

6 Idem, *Daniel Bensaïd*, cit., p. 11.

7 Ibidem, p. 11.

8 Ibidem, p. 71.

9 Ibidem, p. 106-7.

Em Benjamin, Bensaïd apreendeu "a premissa de que a 'derrota' impõe não o abandono das convicções não realizadas, mas sim a atualização e/ou renovação em novas bases da crítica marxista do capitalismo"[10]. Esse modo de interpretar o legado benjaminiano situa-se na contramão da tendência a relegar a dimensão mais explosiva de seu pensamento a segundo plano. Tendência que apareceu cedo, sob as recepções de Theodor W. Adorno e Gershom Scholem, que estabeleceram os primeiros parâmetros a partir dos quais se interpretaria posteriormente a obra benjaminiana. Não obstante as diferenças entre as interpretações desses autores – frequentemente de franca oposição –, elas se encontram, como mostra Fabio Querido, na "indisposição em relação à dimensão política e, sobretudo, marxista de Walter Benjamin"[11]. Bensaïd, ao contrário, recebe *politicamente* a obra de Benjamin, o que se exprime na ênfase colocada em *seu* presente como o lugar central a partir do qual rearticula a concepção benjaminiana da história – "como se, assim procedendo, estivesse sendo mais fiel a Benjamin do que seus exegetas acadêmicos"[12].

A interpretação bensaïdiana de Benjamin, cuja ênfase recai no "presente, em linha antiutópica e antirromântica", está diretamente relacionada à sua experiência militante: "Ela sobredetermina, por assim dizer, a sua opção em demarcar a dimensão supostamente político-estratégica das reflexões de Benjamin"[13]. Interpretando Benjamin com vistas aos desafios do presente, sem intenção exegética, a leitura de Bensaïd é seletiva, de modo a submeter o crítico alemão a seus próprios desígnios – condicionados por fatores históricos, políticos, culturais e existenciais, todos eles destrinchados por Fabio Querido –, que tinham como propósito um "projeto político-intelectual [...] vinculado à aposta em uma renovação possível do marxismo – da qual ele não sabe senão aquilo de que é preciso se desvencilhar (o progresso, o racionalismo instrumental, o positivismo etc.)"[14].

Ao discorrer sobre o Benjamin de Bensaïd e de Löwy, Fabio Querido deixa entrever também o *seu* Benjamin: complexo, singular e irredutível a componentes esparsos de sua obra: "nem tão surrealista quanto gostaria Löwy, nem tão racionalista-messiânico como queria Bensaïd; nem tão romântico-utópico como sustenta Löwy, tampouco um antiutópico e estrategista como afirma Bensaïd; nem tão teológico como acredita Löwy, nem tão 'desjudeizado', como assevera Bensaïd. Talvez", continua Querido, "tanto pela evolução cheia de sobressaltos de sua trajetória quanto pelo caráter idiossincrático com que

---

[10] Ibidem, p. 73.

[11] Ibidem, p. 103.

[12] Ibidem, p. 126.

[13] Ibidem, p. 130.

[14] Ibidem, p. 144.

tomava os autores que o influenciavam, Benjamin seja quase sempre ambas as coisas ao mesmo tempo"[15].

* * *

Para além de suas ideias em sentido estrito, Bensaïd apreendeu em Walter Benjamin uma possibilidade de permanecer em combate mesmo numa época em que a revolução não se encontrava mais na ordem do dia. A incorporação do pensamento benjaminiano por Bensaïd gerou uma "inflexão significativa, até mesmo decisiva", em sua obra e trajetória[16]. A transformação operada ali – especialmente no percurso de 1989, 1990 e 1991, anos de publicação de suas "batalhas de memória" benjaminianas (*Moi, la révolution* [Eu, a revolução]; *Walter Benjamin, sentinelle messianique* [Walter Benjamin, sentinela messiânica]; *Jeanne, de guerre lasse: Chroniques de ce temps* [Jeanne, cansada da guerra: crônicas deste tempo]) – alcança mesmo "as modalidades do seu engajamento político-intelectual, forçando um reposicionamento necessário no contexto do cenário intelectual francês"[17].

Diante do "declínio da figura 'típica' do intelectual engajado à *la* Sartre", "a disposição de Benjamin em se manter no 'cruzamento dos caminhos', distante de todas as correntes (Adorno)", parecia "dotar-se de uma renovada atualidade, do ponto de vista ao qual se alinhavam Bensaïd e Löwy"[18]. Não por mero acaso, o primeiro livro "benjaminiano" de Bensaïd – *Moi, la révolution* (1989) – marca também, em seu percurso, o momento no qual sua produção intelectual deixa de se resumir "às necessidades mais ou menos imediatas" da organização a que pertencia[19].

Ao interpelar Walter Benjamin, o "militante intelectual" francês "conjeturava ao mesmo tempo sobre a sua própria situação de intelectual revolucionário sem revolução"[20]. A noção de resistência mobilizada por Bensaïd – nesse contexto em que a possibilidade de uma transformação radical não figurava no horizonte – foi apresentada por ele, em 2001, através da metáfora da toupeira, em que o pequeno mamífero representa "o obscuro trabalho de resistência no qual se preparam, discretamente, quando tudo dorme, novas emergências"[21].

Nessa direção, por meio de Daniel Bensaïd – autor propício, pela sua condição de intelectual engajado que não é nem "universal" como Sartre, nem

[15] Ibidem, p. 148.

[16] Ibidem, p. 134.

[17] Ibidem, p. 134.

[18] Ibidem, p. 108-9.

[19] Ibidem, p. 119.

[20] Ibidem, p. 233.

[21] Daniel Bensaïd citado em Fabio Mascaro Querido, *Daniel Bensaïd*, cit., p. 180.

"específico"[22], como queria Foucault[23] –, o livro de Querido fornece, como pano de fundo, um mapa necessário para os dilemas do intelectual engajado e/ou do engajamento intelectual, os quais se apresentaram especialmente após o Maio de 1968 e permanecem latejantes, sem soluções simples, nos dias de hoje. Fabio Querido se dirige a Bensaïd, nesse sentido, impregnado do tempo-de-agora – seu livro é o de um intelectual também em combate.

---

[22] Fabio Mascaro Querido, *Daniel Bensaïd*, cit., p. 187.

[23] Michel Foucault, *Microfísica do poder* (org. e trad. Roberto Machado, 3. ed., Rio de Janeiro, Paz e Terra, 1982), p. 9.

NOTAS DE LEITURA

As origens da sociologia do trabalho: percursos cruzados entre Brasil e França

Ricardo Festi. São Paulo, Boitempo, 2023. 352p

A coleção Mundo do Trabalho, coordenada por Ricardo Antunes, nasceu em maio de 1998. Para marcar os vinte e cinco anos de existência desse projeto editorial dedicado às investigações do mundo industrial e do trabalho que constituíram um campo de estudos na sociologia franco-brasileira, a Boitempo traz ao público *As origens da sociologia do trabalho: percursos cruzados entre Brasil e França*, livro inédito, resultado da tese de doutorado de Ricardo Festi.

Ao longo da obra, o autor mostra como a gênese histórica do campo da sociologia do trabalho reside nos diálogos e articulações políticas, acadêmicas e intelectuais entre autores e instituições franco-brasileiros dos anos 1950 e 1960. As pistas deixadas pelas fontes documentais, como arquivos e textos, foram os conduítes que guiaram a pesquisa de Festi a uma história não contada dos percursos cruzados das sociologias francesa e brasileira na metade do século XX.

Como já sabemos, os membros vinculados à Cátedra de Sociologia I da FFCL-USP, regida por Florestan Fernandes, empreenderam pesquisas empíricas envolvendo temas relativos ao processo de modernização, em contraposição ao gênero ensaístico, predominante no pensamento social brasileiro entre o final do século XIX e começo do XX. No entanto, a árdua tarefa de reconstruir o contexto no qual a sociologia do trabalho se constituiu a partir de arquivos em bibliotecas permitiu ao autor montar fragmentos de um mosaico que revela a constituição de um estilo do fazer sociológico altamente influenciado pelos círculos internos dos franceses Georges Friedmann e Alain Touraine, este último falecido no mês do lançamento do livro. Exercendo influência marcante na sociologia uspiana, esses e outros personagens, como Pierre Naville, Michel Crozier e Jean-Daniel Reynaud, participaram de projetos político-acadêmicos de alcance internacional com o núcleo da Cátedra de Sociologia I daquele momento histórico, a fim de compreender o mundo da indústria e do trabalho no pós-guerra. Dentre os autores influenciados pela tendência à sociologia empírica, especializada no trabalho, destacam-se Mário Wagner Vieira da Cunha, Juarez Brandão Lopes, Azis Simão, Fernando Henrique Cardoso, Leôncio Martins Rodrigues,

JOÃO PEDRO INÁCIO PELEJA

Fernando de Azevedo e Anísio Teixeira. Portanto, tais constatações ampliam o olhar sobre os percursos cruzados entre brasileiros e franceses na construção dessas redes que permitiram criar um estilo de pesquisa e uma tradição de sociologia do trabalho surgida nas décadas de 1950 a 1960, a qual se perpetuou nas gerações seguintes.

O principal marco das articulações entre franceses e brasileiros foi, sem sombra de dúvidas, a criação do Centro de Sociologia Industrial e do Trabalho (Cesit), em 1961, vinculado à Cátedra de Sociologia I da FFCL-USP, a partir da sugestão de Friedmann, um dos "pais" da sociologia do trabalho, ao grupo de jovens sociólogos da USP, em particular Fernando Henrique Cardoso. Em seu exílio no Chile, este se tornou parceiro intelectual de Enzo Faletto, aluno de Touraine, com quem publicou sua principal obra anos mais tarde.

Embora seja uma investigação sócio-histórica ainda muito interessada nas contribuições da sociologia uspiana para a formação do campo de estudos do trabalho, esse recorte metodológico não é demérito da obra, já que o autor seguramente inaugura uma potencial agenda de pesquisas no Brasil ao convidar leitoras e leitores a uma reflexão coletiva sobre os desdobramentos de uma "geração perdida" de intelectuais na crítica radical do capitalismo contemporâneo, em defesa da emancipação humana e social. Esse é o principal fruto da publicação. Pode-se dizer que, parafraseando um dos relatos autobiográficos de Touraine apresentados na obra, se me tivessem pedido para desenhar a história da sociologia do trabalho, eu teria colocado em seu centro o livro de Ricardo Festi. – *João Pedro Inácio Peleja*

Brasil sob escombros: desafios do governo Lula para reconstruir o país

Juliana Paula Magalhães e Luiz Felipe Osório (orgs.).
São Paulo, Boitempo, 2023. 176 p

No momento da confecção desta nota de leitura, passaram-se sete meses desde o início do terceiro mandato de Luiz Inácio Lula da Silva e, ao nos depararmos com os "desafios do governo Lula para reconstruir o país", o livro *Brasil sob escombros* se destaca pela grande validade de discussões que propõe, bem como pela precisão do momento em que entra em circulação. Ao reunirem pensadores com olhares tão variados sobre a política contemporânea, Juliana Paula Magalhães e Luiz Felipe Osório dispõem aos leitores debates originais em um momento de esperança, mas igualmente de incerteza. Assim, a obra se propõe a refletir sobre os efeitos do governo de Jair Bolsonaro na sociedade, as controvérsias da nebulosidade do período eleitoral e as questões fundamentais que se apresentam para o novo governo após a atuação da extrema direita na cena política.

Por diversos ângulos, contempla-se um conjunto de reflexões acerca da realidade concreta e as possibilidades de intervenção sobre ela. A obra é dividida em três partes: "Balanços do governo Bolsonaro", "Balanços das eleições [de 2022]" e "A nova era Lula e os rumos do Brasil". A instabilidade da política institucional agravada no referido governo já vinha sendo acompanhada por outras atribulações geradas pelo golpe em Dilma Rousseff e pelas crises econômica, financeira e fiscal, além das ações judiciais politizadas.

Sob esse panorama, em um primeiro momento, o livro mobiliza contribuições em torno dos ataques à democracia formal e ao ordenamento institucional durante o governo Bolsonaro a partir de 2019, destacando-se os textos de Luis Felipe Miguel, Francisco Carlos Teixeira da Silva e Cesar Calejon, que também debatem a disfunção fascista do bolsonarismo, as tentativas de golpe, a desinformação como ferramenta política e o genocídio na gestão da pandemia de covid-19. Gustavo Marinho e Rafael Valim enfatizam a importância do Poder Judiciário na contenção de algumas dessas ações políticas.

Aglutina também o artigo de Maria Lygia Quartim de Moraes sobre as violências, a invisibilização e a sujeição da mulher; de Regina Facchini e Gabriela Junqueira Calazans relativo à desumanização de pessoas LGBTQIA+; de Silvio Luiz de Almeida sobre as estruturas agravadas da violência racial; de Sérgio Pereira Leite sobre a convulsão da questão agrária nacional e de suas contradições estruturais; de Alvaro de Azevedo Gonzaga e Felipe Labruna sobre os impactos das atividades agroextrativistas em relação às populações indígenas; de Flávia Braga Vieira sobre os desastres resultantes da mineração. Os textos de Sofia Manzano, sobre as classes mais beneficiadas com a política econômica, e de Carlos Eduardo Martins, em relação às dificuldades de uma construção da luta política de enfrentamento, finalizam a primeira parte.

Já a segunda se compromete com "balanços das eleições", mobilizando contribuições de Milton Pinheiro, que envolve os impasses e as perspectivas da classe trabalhadora na conjuntura; de Leonardo Attuch sobre encaminhamentos da comunicação para superar a "catástrofe"; e de Anderson Alves Esteves e Ricardo Musse, que discutem os contrastes da composição da frente "amplíssima" para realizar uma "reconstrução".

As considerações finais na terceira parte traçam alternativas do novo governo com artigos de Armando Boito Jr. sobre os conflitos políticos no interior da classe capitalista; de Breno Altman sobre a crise da questão democrática e a falência da Sexta República; de João Quartim de Moraes sobre a questão da Defesa nacional e a atuação política das Forças Armadas; de Adriana M. Amado e Maria de Lourdes Rollemberg Mollo, que investigam os desafios da economia nacional na nova era Lula; de Luiz Gonzaga Belluzzo sobre os (des)caminhos do crescimento econômico e a disputa ideológica; de Valter Pomar, que se atém às relações internacionais e alternativas políticas; e de Alysson Leandro Mascaro sobre as margens de golpes e lutas no Brasil de 2023.

Essas contribuições científicas, com claros posicionamentos políticos, procuram oferecer às leitores e aos leitores uma oportunidade excepcional de reflexão crítica para uma interferência contundente na prática política. Se, por um lado, o distanciamento histórico do governo Bolsonaro oferece uma análise ainda mais apurada dos "escombros", por outro, é necessário que se mantenha a vontade por transformações sociais profundas na realidade, dada a gravidade da situação nacional. – *João Felipe de Almeida Ferraz*

O Brasil desenvolvimentista e a trajetória de Rômulo Almeida: projeto, interpretação e utopia

Alexandre de Freitas Barbosa. São Paulo, Alameda, 2021. 580p

O Estado nacional na periferia do capitalismo se tornou, em alguma medida, uma barreira à ação devastadora do imperialismo durante todo o século XX. No Brasil, sob suas especificidades, surgiu o *desenvolvimentismo* como produto das contradições da formação econômica e social do país. Esse fenômeno, durante quase três décadas, modernizou o Estado – mesmo que de forma conservadora – e criou um imenso repertório de políticas públicas que visavam diminuir desigualdades sociais e proteger a soberania nacional de investidas estrangeiras mais selvagens.

Nos bastidores do desenvolvimentismo surgiu um novo tipo de intelectual: técnico e ao mesmo tempo orgânico e de Estado. Buscavam uma unidade entre o perfil político, elaborador e operador de políticas públicas – para compreender o país e superar a herança do pacto colonial – e tiveram como principais expoentes Darcy Ribeiro, Celso Furtado e San Tiago Dantas. Para desvendar esse novo formulador de ideias, o autor incute a tríade "projeto--interpretação-utopia" como uma chave que esclarece essas atuações burocrático-institucionais, mas que tem também um cunho político e teórico.

Dentre esses intelectuais de novo tipo está o baiano Rômulo Almeida (1914-1988) que, entre diversas funções, contribuiu com o censo de 1940, participou da "controvérsia do planejamento" ao lado do Roberto Simonsen e criou a assessoria econômica da Confederação Nacional da Indústria (CNI). É também de lavra de Rômulo os projetos da Petrobras, dos esboços que levaram à Eletrobras, Banco do Nordeste, e outros mais.

Uma das políticas que teve Rômulo Almeida como colaborador foi o curso de planejamento do Departamento Administrativo do Serviço Público (Dasp), que visava criar instrumento de seleção atestada por provas, currículo, entrevistas e interferir na lógica do nepotismo clientelista que abastecia a máquina estatal de quadros pouco afeitos ao espírito público. Para a vertente do desenvolvimentismo a qual Rômulo se afiliara, o Estado precisava ter um sentido mais republicano e combater o patrimonialismo herdado do período monárquico.

Depois de atuar em projetos estratégicos e de cunho nacionalista do segundo Vargas – como a Assessoria Econômica da Presidência da República – e de ter sido membro do Conselho Consultivo da Companhia Hidrelétrica do São Francisco (Chesf), consultor da Superintendência da Moeda e do Crédito (Sumoc) e presidente do Banco do Nordeste, Rômulo foi eleito para deputado federal pelo PTB da Bahia, em 1954. Depois do golpe de 1964, se filiou ao Movimento Democrático Brasileiro (MDB), sendo candidato ao Senado em 1978.

A inspiração de Rômulo e de outros intelectuais do desenvolvimento partiu da elaboração feita fora das universidades – pois estas ainda não haviam se constituído num polo fomentador de soluções concretas para o país. No âmbito nacional, passou tanto pela interpretação social do Brasil feita por Euclides da Cunha como pelo ideal de estruturação organizacional do Estado de Alberto Torres. Das experiências de fora do país, Rômulo estudou a fundo o planejamento econômico estadunidense do pós-crise de 1929, como também a planificação soviética e a Comissão Econômica para a América Latina e o Caribe (Cepal). A mistura de ideias serviu como base teórica para uma tentativa de superação dos resquícios coloniais e aspectos neocoloniais que faziam do Brasil um país atrasado.

Não se trata de uma biografia de Rômulo, mas a partir de sua trajetória político-intelectual problematiza-se a cena do Brasil como nação em construção. A categoria *desenvolvimento*, sob a tríade "projeto-interpretação--utopia", faz-se ao longo do livro o principal elemento articulador da dinâmica do país entre as décadas de 1930 e 1970; é em torno da superação dos principais problemas políticos, econômicos e sociais que se desdobra o drama histórico em questão, conferindo-se, dessa forma, uma materialidade mais moderna e soberana da ideia de nação e povo, de Estado e sociedade.

Rômulo fez parte dos "boêmios cívicos", assim apelidados por Vargas, que via no Palácio do Catete seus técnicos discutindo até a madrugada os projetos, pareceres, estratégias de sentido mais democrático e republicano para as políticas de Estado. Desse grupo ainda participavam Ignácio Rangel, Jesus Soares Pereira e Cleanto de Paiva Leite. O livro tem apresentação de Luiz Carlos Bresser-Pereira e prefácio de Gabriel Cohn. – *Fernando Garcia*

Poema*

NORMAN BETHUNE

E esta mesma lua pálida, na noite,
Que navega tão sobranceira com seu véu,
Ofuscando, gélido espelho, nosso fosco olhar,
Se ergueu, na noite canadense, sobre o céu.

Sobre o estilhaçado topo das montanhas
Ela nasceu ontem, selvagem, rubra, forte,
Refletindo, desde seu álgido escudo,
Os sangrentos rostos dos tocados pela morte.

E por aqueles tantos mortos sem nome,
Para ela nós erguemos nossos punhos fechados,
Jurando que os camaradas caídos pela liberdade
No futuro serão para sempre lembrados.

* Tradução de Flávio Wolf de Aguiar

Um comunista canadense na Guerra Civil Espanhola

FLÁVIO WOLF DE AGUIAR

Henry Norman Bethune (4 de março de 1890 – 12 de novembro de 1939) foi um militante comunista canadense. Médico cirurgião, desde sempre defendeu a vocação social da medicina. Em 3 de novembro de 1936 chegou à Espanha, em plena Guerra Civil, oferecendo seus serviços ao governo republicano contra os fascistas liderados por Francisco Franco. Graças à sua engenhosidade, instalou um congelador portátil de sangue que permitia fazer transfusões nas frentes de batalha com o material armazenado, salvando milhares de vidas de outro modo condenadas. Foi a primeira vez que tal instrumento foi utilizado em larga escala. Até então as transfusões eram feitas com o doador e o receptor lado a lado, o que dificultava o procedimento.

Tornou-se alvo das disputas internas do movimento antifascista, tendo que se afastar da direção do banco de sangue e da equipe que formara por ser um "estrangeiro" em função tão proeminente num exército que deveria primar pela solidariedade internacional. Em 6 de junho de 1937 retornou ao Canadá e, em janeiro do ano seguinte, foi para a China, juntando-se ao Partido Comunista Chinês. Numa cirurgia em novembro de 1939, quando os chineses enfrentavam a invasão japonesa, ele cortou a mão e foi contaminado pela gangrena do paciente. Faleceu alguns dias depois, vítima de septicemia.

Hoje seu nome é reverenciado no Canadá, na Espanha e na China. Sua biografia inspirou vários filmes de ficção ou documentários no cinema e na TV. Num deles foi interpretado pelo ator Donald Sutherland. O poema que trazemos aqui foi escrito um pouco antes de sua partida para a Espanha, e publicado em 1937 na revista *The Canadian Forum.*